인생 2막을 살다

은퇴, 꽃처럼 피워내기 위한 30가지 전략

인생 2막을 살다
은퇴, 꽃처럼 피워내기 위한 30가지 전략

초판 1쇄 발행 2025년 06월 25일

지은이 김천욱
펴낸이 장현수
펴낸곳 메이킹북스
출판등록 제 2019-000010호

디자인 최선화
편 집 최미영
교 정 안지은
마케팅 김소형

주소 서울특별시 구로구 경인로 661, 핀포인트타워 912-914호
전화 02-2135-5086
팩스 02-2135-5087
이메일 making_books@naver.com
홈페이지 www.makingbooks.co.kr

ISBN 979-11-6791-709-6(03330)
값 18,000원

ⓒ 김천욱 2025 Printed in Korea

잘못된 책은 구입하신 곳에서 바꾸어 드립니다.
이 책의 전부 또는 일부 내용을 재사용하려면 사전에 저작권자와 펴낸곳의 동의를 받아야 합니다.

홈페이지 바로가기

메이킹북스는 저자님의 소중한 투고 원고를 기다립니다.
출간에 대한 관심이 있으신 분은 making_books@naver.com으로 보내 주세요.

인생 2막을 살다

은퇴, 꽃처럼 피워내기 위한 30가지 전략

김천욱 지음

메이킹북스

프롤로그

누구에게는 준비된 은퇴가 있고,
누구에게는 갑작스런 은퇴가 있다.

앞으로 30년을 준비해야 한다.
새로운 시작으로 즐거움과 행복을 찾자.
평생 경험에서 삶의 지혜를 얻자.
배움은 지금 시작해도 늦지 않는다.
공부는 가장 비용이 저렴하다.

즐기는 삶을 살아가자.
좋아하는 것을 더 좋아하자
그러기 위해서 나를 돌아보자.
아는 만큼 즐길 수 있다.

마음 부자가 되자.
디지털, 온라인으로 소통하자.
소통은 수단이 중요하지 않다.
내가 먼저 하자.

미래의 행복은
현재 행복에 나의 소중함을 더한 n승이다.
[미래 행복 = 현재 행복 * $(1+소중함)^n$]

차례

프롤로그··· 4

1. 행복한 은퇴는 있을까?

1.1 참 멋진 은퇴를 꿈꾸었다 ································ 13
1.2 최고가 되려고 최선을 다했다 ···························· 21
1.3 '나도 해냈다'는 즐거움은 크다 ························· 29
1.4 짧게 고민하고 과감하게 은퇴했다 ······················ 37
1.5 은퇴를 위해 이미 공부하고 있었다 ····················· 45
1.6 은퇴는 하되 사람들과는 은퇴하지 말자 ················ 53

2. 평생 은행에서 배운 금융 경험들

2.1 금융은 단리보다는 복리다 ······························ 67
2.2 생활의 기술, 카드를 배웠다 ····························· 75
2.3 세그먼트와 니즈를 연구하다 ···························· 82
2.4 금융은 연결의 공학이다 ································· 89
2.5 작은 은행을 경영하며 배웠다 ··························· 98
2.6 재산이 늘어가는 간접 경험을 하다 ····················103

3. 최고의 경쟁력, 학위 – 드디어 경영학 박사 되다

3.1 미시경제와 경제수학이 제일 좋았다 ·················113
3.2 석사는 박사를 위한 시작이다 ························117
3.3 두 번의 도전으로 학술지에 게재되다 ··············122
3.4 인생의 꿈, 경영학 박사가 되다 ·······················128
3.5 박사로서 다음 스텝을 준비한다 ·····················134

4. 나만의 행복을 위한 즐거움을 찾자

4.1 반려동물과 눈이 마주치면 생기는 행복들 ········143
4.2 자녀가 태어난 해의 와인을 가지고 있나요? ·····151
4.3 이립삼전을 아시나요? 바둑은 인생이다 ··········158
4.4 골프는 방향일까? 거리일까? ························162
4.5 블루길이라도 좋다, 잡기만 하자·····················170
4.6 인생 1막 같은 영화를 기억하며 본다 ··············176
4.7 아티스트 팬이 되면 미소가 피어난다 ··············180
4.8 고구마, 감자, 옥수수의 친구 사도삼촌 ············185

5. 새로운 30년을 위해 시작한다

5.1 건강을 배우면 시작이 든든하다 ················195
5.2 실물 자산에 금융을 연결하자 ·················200
5.3 금융 자산의 포트폴리오를 확장하자 ············206
5.4 함께하는 친구 만들기 ······················211
5.5 온 가족이 함께하는 은퇴 생활················216

감사글···224
에필로그···230

인생 2막을 살다

행복한 은퇴가 있을까?

햇빛이 내 등 뒤에 있을 때 그림자는 가장 길다.
(눈 내린 북한강 얼음 위에서 생각 한 장, 가평)

1.1 참 멋진 은퇴를 꿈꾸었다

월요일 아침은 언제나 바쁘다. 주말의 피로감이 아직도 남아 있다.

출근 시간에 맞추어 서두르다 보면 정신없다. 주말에는 구두를 가급적 신지 않는다. 주말이라도 발을 편하게 하고 싶다. 주말에 결혼식이나 장례식이 있으면 정장에 구두를 신고 갔다 와야 한다. 행사에 갔다 오면 바로 갈아 신는다.

지난 금요일 신었던 구두를 신고, 정장에 서류 가방을 들고, 명함 지갑과 펜을 서둘러 챙겨 지하 주차장으로 가서 차로 출근한다.

오늘도 직원들과 아침 회의가 예정되어 있어 출근하자마자 자료를 한번 더 본다. 자료를 보고 있는 시간이면 직원들이 한둘씩 출근하며 인사를 한다.

9시가 돼서 청경이 셔터를 올리고 객장문을 열면서 하루가, 일주일이 시작된다. 이번 주는 상반기 영업 마감 후라서 조금 마음에 여유가 있다.

2013년 구리지점에서 근무할 때의 하루가 떠오른다.
본점에서 4년을 근무하다 부장 승진과 함께 구리시 지점으로 발령이 났다.

아무런 연고도 없는 곳으로 승진과 함께 갑자기 발령이 나서 승진의 기쁨과 동시에 새로운 환경에 대한 긴장과 두려움이 밀려왔던 시기였다.

지하철로 50분 내외를 출근하던 4년과 달리 자가용으로 운전하여 1시간 20분 정도를 출퇴근하고 주차장도 좁아서 그때그때 알아서 해야 했다.

구리지점에 출근한 지 얼마 되지 않은 어느 날 아침이었다.

어느 노부부가 객장 문이 열리고 얼마 지나지 않아 들어왔다. 부인은 휠체어를 타고, 남편이 휠체어를 밀며 지점으로 들어왔다. 나이도 지긋하신 걸 보면 60대 중후반 정도로 보였다. 부인은 다리가 불편하여 휠체어를 타고 은행 업무를 보셔야 하고 남편이 휠체어를 밀어주며 온 것이다.

자주 지점에 오신 듯 직원들도 인사하고 요청하신 업무를 처리해 드렸다.
업무를 보시고 나서 나도 앞으로 나가서 인사를 드렸다. 그런데 가만히 보니 남편도 장애가 있으신 듯했다. 암튼 업무를 다 보시고 다시 휠체어를 밀며 청경이 문을 열어드리자 돌아가셨다.

업무 마감을 하고 다들 퇴근 인사를 하고 나도 차로 퇴근하고자 차에 올랐다.

잠깐 차에 시동을 걸기 전에 오전에 뵈었던 그 손님이 떠올랐다. 훗날 직장을 은퇴하고 나면 노년에 행복한 부부로 살아야겠다는 생각을 불현듯 했다. 서로가 믿어주고 도와주고 챙겨주는 여유로운 은퇴 생활을 그려봤다. 그때는 나보다 10년 먼저 들어온 선배들이 막 은퇴하기 시작할 시기였다.

1. 행복한 은퇴는 있을까?   15

다시 돌아와서 2022년 7월 중순, 업무를 마치고 퇴근하려고 하는 시간에 본점에서 인사 발령과 함께 사내 게시판에 알림이 떴다. 상반기 영업 평가가 마무리되고 하반기 인사 발령이 난 것이었다. 어려운 환경이었지만 열심히 해왔고 항상 직원들에게 고마워하고 전국을 발로 뛰어 영업을 다녔다. 그렇지만 지점의 성과 평가 결과가 낮아서 인사 발령이 난 것이었다. 이런 경우는 동시에 특별 퇴직의 기회를 제공해오고 있다. 그래서 일단 연차 휴가를 내고 생각을 해보려고 했다. 하지만 그 고민은 그렇게 길지 않았다. 삼 일 만에 결정을 하고 사직서를 제출하였다. 입사 원서를 내고 취직을 한 지 27년이 넘은 시간 동안 은퇴 이후에 대해 제대로 생각해본 적은 없었다. 하지만 오래 고민하고 생각한다고 해서 반드시 좋은 결정을 하리라고 확신할 수 없었다.

참 멋진 은퇴를 꿈꾸었다.

누구나 명예롭고 언제든지 당당하고 은퇴 후에도 생활에 여유를 갖고 즐길 수 있는 인생 2막을 꿈꾼다. 나 또한 그랬다. 하지만 언제나 그렇듯 은퇴는 갑자기 예기치 않게 찾아오고 말았다. 그리고 그 결정도 신속히 했다.

그렇게 결정하게 된 배경에는 언제나 믿어주고 응원해주는 가족이 있어서가 아닐까 한다. 이제는 대학생이 된 두 딸들이 졸업할 때까지의 학비는 지원을 받을 수 있어서 홀가분하다.

 은퇴를 결정할 때 가장 먼저 고려해야 하는 것이 건강이다.
 주위에 직장에서 건강에 위험 신호를 받은 친구들을 많이 봤다. 실제로는 건강이 악화되어 유명을 달리하신 임원들도 있었다. 바쁜 일상과 불규칙한 식사, 영업으로 인한 술과 운동 부족 등이 원인으로 몸이 안 좋아지면 이미 늦은 경우가 많았다.

 은퇴를 결정하기 몇 달 전에 직원들과 저녁 겸 회식을 마치고 퇴근하려는데 다른 자리에서 연락이 와서 2차를 갔다. 그날따라 더 피곤했다. 12시가 넘어 술자리를 마치고 택시를 타고 집 근처 대로변에 내렸다. 집앞까지 타고 왔어야 했는데 골목안까지 들어가기 그래서 대로변에 내려서 집으로 걸어오던 중이었다.

 갑자기 순간 별이 번쩍하며 눈앞이 깜깜했다. 정신을 차려 보니 바닥에 쓰러져 있는데 앞쪽에 하얀 와이셔츠에 피가 묻어 있었다. 얼굴이 끈적끈적했다. 무엇인가에 걸려 넘어진 것이었다. 정신은 없었지만 집으로 왔다. 아내가 깜짝 놀라서 딸과 함께 뛰어 나왔다. 무릎이 깨지고 얼굴에도 피가나고 무엇보다 앞니가 부러졌다. 안경은 어디로 갔는지 모르겠다. 양복은 바지가 찢어졌다.

서둘러 병원으로 가서 응급 조치를 하고 다음 날 치과부터 찾았다. 앞니 두 개를 새로 해야 했다. 양쪽 무릎과 손가락 찰과상에는 동네 병원에 가서 치료를 받았다. 1주일 이상 통원 치료를 했다. 마스크를 쓰고 출근하여 업무를 봤다. 코로나19로 인해 마스크가 익숙해져서 마스크로 얼굴을 가리니 직원들도 잘 알아보지는 못했다. 개인적으로 이런 일이 처음이었다. 그렇게 술을 많이 먹고 다녔어도 이런 경우는 처음이었다. 나이를 먹어서 그런 것일까 생각했다.

어쩌면 은퇴를 해야 한다면 이제 때가 되었다고 암시를 준 것 같다.

은퇴를 결정하고 사직서를 내고 나면 마음의 준비와 함께 생각이 많아진다.

퇴직일까지는 안식년 휴가를 쓰고 2주일 정도의 시간이 생겼다.

일단 출근을 하지 않으니 마음이 무척이나 가볍다. 강아지와의 산책도 편안하게 낮 시간에 할 수 있다. 세탁소에도 편한 시간에 가도 되고 좋아하는 영화를 평일 낮에 아내와 둘이 보는 것도 즐거움 중의 하나이다. 청계산이나 대모산, 아차산, 용마산도 언제든지 갈 수 있다. 시원한 막걸리와 고소한 파전은 은퇴의 가장 큰 행복이다.

서울에는 참 좋은 공원도 많다. 서울숲공원이나 올림픽공원이 참 좋다. 서울숲공원은 봄에는 꽃들이 정말 좋다. 강아지와 산책하기에도 좋다. 서울숲의 최대의 장점은 핫플레이스인 성수동 카페거리가 가까워, 맛있는 점심·저녁 식사는 물론, 멋진 카페에서 커피를 즐길 수 있다는 점이다. 갈 때마다 새롭게 진행되고 있는 팝업 스토어를 방문하는 재미도 크다.

올림픽공원은 더 넓고 언덕과 능선이 있어서 운동도 되고 좋다. 방이동 먹자골목이나 송리단길 맛집도 멀지 않다.
한강변이나 양재천 산책길도 여유롭게 사계절 풍경을 보며 걸으면 좋다.

서울 벚꽃 명소를 찾아 돌아보는 데에도 계획을 세우고 시간을 잘 조정해야 한다. 벚꽃은 정말 금방 피었다 지기 때문이다.

서울 근교에서 열리는 꽃밭 축제도 잘 챙겨서 다녀보면 많은 추억을 선물받을 수 있다. 2022년에 처음 개최된 철원 고석정 꽃밭축제는 그래서 더 반가웠다. 예전에 홋카이도 여행에서 보았던 무지개 꽃밭을 우리나라에서도 볼 수 있는 곳이다. 앞으로 더욱 기대되는 축제이다. 한탄강 주상절리길이나 산정호수를 같이 돌아보면 더 좋을 것 같다. 하루에 다 돌아보는 것은 조금 무리일 수도 있겠지만 즐거운 추억이자 행복한 은퇴의 선물이라고 생각해보자.

1.2 최고가 되려고 최선을 다했다

대학교 4학년 가을이 되면 누구나 취직을 생각하던 그때, 그나마 여름 방학 때 인턴을 한 친구들은 여유가 있다. 나도 여의도에 있는 트윈타워빌딩에서 백색가전팀 중 세탁기 사업부에서 4주간 인턴 생활을 했다. 국내의 유명 세탁기와 경쟁 상대인 수입 가전 세탁기 시장 조사가 주업무였다. 백화점 가전 매장에서 고객분들을 대상으로 설문조사를 실시하여 통계 분석하여 보고하는 업무였다. 경제학과에서 배운 계량경제학에서 통계 프로그램을 이용한 분석 등을 활용하는 것을 예상했다. 그러나 대략적인 인구통계학적인 결과와 수요 반응 조사 설문조사 결과 정리였다. 그 결과에 대해 프레젠테이션을 진행하였다.

학교에서가 아닌 직장에서의 첫 업무이자 보수를 받고 하는 일이었다.

직장인의 입장에서 보면 대학생들은 생각이 참신하고 다양한 아이디어가 있을 것으로 기대하기 때문에 나름 결과 발표에 최선을 다했다. 인턴 결과에 따라 다음 해 2월에 졸업과 동시에 취업을 약속 받기 때문이다. 다행히 결과가 좋아서 끝나는 날 회식과 함께 합격의 소식을 들어서 나도 마음이 편했다.

합격 선물로 받은 그 당시 최신형 카드형 무선호출기는 친구들에게 인기였다.

2학기 중간고사가 끝나고 학과 사무실에 취업 원서가 접수되기 시작했다. 경제학을 전공하는 우리 친구들은 금융권을 선호했다. 종합금융회사나 리스회사는 학점이 최상위에 들어야 원서 제출이 가능했다. 평범한 학점으로 지원이 가능한 곳은 은행이나 증권사, 보험사 등이었다. 은행에서도 한국은행, 장기신용은행이나 수출입은행, 산업은행 등 국책은행은 경쟁과 지원

자격이 높았다.

같은 학번 친구들과 함께 5대 시중 은행에 대해 검토를 하다가 앞으로의 비전이나 급여 수준이 높은 신설 은행으로 도전해보자고 했다. 그렇게 해서 보람은행, 하나은행, 동화은행, 평화은행을 생각해 봤다. 이 중에서 동시 지원을 어렵게 하기 위해 동일한 날에 입사 시험을 본 보람은행과 하나은행에서는 빨간 사과 모양의 로고가 마음에 들어 보람은행 입행 시험을 보러 연세대학교로 갔다.

인근 경기대에서 시험을 본 하나은행 입행 시험에 택시를 타고 가서 동시에 응시하고 동시 합격한 친구들도 나중에 보니 있었다. 참 대단하다고 생각했다.

필기시험을 마치고 그 결과가 나와서 면접을 보러 간 곳을 보람은행과 평화은행이었다. 그 당시는 여덟 명 정도가 동시에 면접을 보는 집단면접이 최초로 도입되던 때이다.

그 집단면접에서 만나서 나중에 가장 친한 친구가 된 동기가 있다.

인연이란 참 신기하다. 서로 인연을 계기로 더욱 가까워지거나 서로 도와 줄 수 있는 사이가 되기도 한다. 특히 직장에서는 더욱 그렇다.

은행에 입행하여 인사부에서 사령장을 받을 때 부서가 결정된다.

지금 생각해보면 그때 어느 부서에서 일을 시작했는지가 참 중요했던 거 같다. 그렇다고 본인 생각대로 원하는 일을 할 수도 없지만 말이다.

동기 한 명과 함께 카드사업실이란 부서에 발령을 받았다. 그리고 그때는 내가 신용카드와 관련된 일을 그렇게 오래 하리라고는 생각도 하지 못했다.

국내에는 외환카드와 비씨카드가 중심이었고 LG카드, 삼성카드 등 전문계 카드사가 아직은 신설카드사였다. 그 외 롯데, 현대, 신세계 백화점카드 등이 있었다. 첫 직무는 카드 채권관리 업무였다. 책임자들은 3개월 이상 장기채권관리를 전문계약직과 함께 관리하고 채권을 회수하고 법적인 업무를 진행했다.

신입 행원은 3개월 이하 단기 채권에 대해 데이터 관리와 배분, 일부 직접 추심업무를 진행하기도 하였다. 컴퓨터가 일반화되기 시작할 때였다. 선배들은 계산기보다는 주판을 선호

하고, 컴퓨터보다는 암산이 빠르다고 생각하는 분들도 많은 시기였다. 어떤 분은 TV에 암산 특기로 방송에 출연하기도 하였다.

암튼, 변화하는 컴퓨터의 시대로 전환하는 것은 신입 직원들이 앞장서서 나갔다. 통계 프로그램을 적극 활용하기 시작하였다. 엑셀로도 충분한 데이터 양이 많았고 그 이상 되는 데이터는 전산부에서 가공해서 현업을 지원해주었다.

채권 업무는 일 년 정도를 했다. 6개월은 단기채권업무, 6개월은 장기채권업무를 진행했다. 장기채권업무를 담당했을 때 법적인 채권회수 처리절차에 따라 압류나 가압류, 경매나 공매 등을 진행하면서 법원에 다니고 채무자를 만나기도 했다. 이때의 경험과 공부는 평생 직장으로서의 은행 생활에서 나중에 정말 많은 도움이 되었다. 실무적인 업무 외에도 정신적으로도 경험하기 어려운 일들을 겪으면서 직장에 대해 많이 인내하고 공부가 중요하다고 생각했다.

신입 직원의 패기와 용기가 아니었다면 잘 견디고 이겨냈을까 지금도 생각해본다.

채권업무를 마치고 일 년 만에 카드 자금 정산업무와 회원과 가맹점 간의 카드 이용 승인업무 파트로 발령이 났다. 신용카드의 국제 표준규약에 대해 비자코리아와 마스터코리아 매월 정기적인 회의, 전산 개발이 활발히 이루어지고 해외 연수도 많이 다녀왔다. 영어로 진행하는 회의와 원서로 된 문서를 참조하기도 했다. 부정 사용 방지시스템(FDS) 도입이 가장 기억에 남는다. 비정상적인 카드 사용에 대한 승인 데이터 감시를 통해 사전적으로 부정사용을 막기 위한 시스템으로 그 당시에는 획기적인 시스템이었다. 은행 창구에서 가맹점 카드 전표를 수작업으로 매입하여 자금 정산을 하던 시기에 전산 직접 매입 시스템인 DDC서비스(Data & Draft Capture service, 신용카드사와 VAN사 간에 개별적으로 용역계약을 체결하고 VAN사가 수행하는 매입업무로 매출전표의 수거관리업무와 매출데이터 생성 전송업무로 나눔)나 EDI시스템(Electronic Data Interchange system)도 적극적으로 도입되기 시작하던 시기였다.

보람은행과 하나은행이 합병을 결정하기 일 년 전쯤에는 경력이 3년이 넘고, 신용카드 업무 전반에 대한 경력이 쌓이면서 기획업무로 발령이 났다. 그리고 6개월 후쯤 합병 결정이 났다. 합병 전 6개월부터는 부서별로 업무 매뉴얼이나 규정, 전산 등을 통합하기 위해 기획 파트를 중심으로 각 파트의 실무진들이 서로 매주 회의하며 밤 늦도록 통합안을 만들어 갔다. 보통 퇴근 시간이 12시를 넘었다. 주말 출근은 당연하던 시기였다.

합병 실무는 성공적으로 진행되었고 인사 발령도 이어졌는데, 영업점으로 발령을 기대했으나 보류되고 본점 근무를 계속하게 되었다. 그 시기에 책임자 승진의 시기가 되어 동기들과 비슷한 시기에 책임자인 과장으로 승진하게 되었다.

은행에 취업을 하려는 분이나 자녀분들이 있다면 지금도 금융관련 자격증을 보유하는 것이 유리하다고 본다. 아니면 은행 취업 후 한 가지 한 가지 자격증을 취득하여야 한다. 개별 자격증으로는 보험과 관련된 것만도 서너 가지가 넘는데, 생명보험대리점, 손해보험대리점, 변액보험판매관리사 등이 있다. 펀드나 파생상품 판매를 위한 자격증도 보유해야 한다. 또한 국제공인재무설계사(Certified Financial Planner), 국제재무위험관리사(Financial Risk Management), 한국재무설계사(Associate Financial Planner Korea) 등도 있다. 그 외 특정한 업무를 맡게 된다면 그에 맞는 자격을 보유하기 위해 공부하고 시험을 봐야 한다.

20대에서 30대에 은행 대부분의 공부와 자격은 완성하게 된다. 지점장이나 본점 부장 등 관리자로 승진을 하게 되면 실력도 중요하나 인사 조직의 장으로서 조직 관리에 중요성이 커진다. 부서마다 인력에 대한 충원이나 발령도 관리해야 하고 부서 재무적인 관리와 경비 등도 관리가 중요해진다. 실무적으로는 영업을 통한 성과 성장이 중요한 시기로 장소나 시간을 넘어 집중하는 시기로서 전문적인 지식을 추가로 쌓기보다는 오랜 경험을 바탕으로 신속하고 정확한 판단을 내릴 수 있는 관리자가 중요하다. 하지만 모든 일에는 지식이 없다면 금방 실력이 드러나서 영업도 성공하기 어렵다. 항상 최선을 다할 때만 최선의 결과를 얻을 수 있다.

1.3 '나도 해냈다'는 즐거움은 크다

　은행에 취직한 지 3년 만인 97년 말에 IMF 사태가 발생하였다. 금융시장도 마비 상태였고, 가장 안정적인 직장인 은행이 정리해고를 시작하고 합병이라는 절차를 통해서 하나둘씩 정리되었다. 90년대 초부터 은행 경쟁력 강화를 목적으로 신설은행들이 대거 출범하였지만 10년도 채 넘기지 못하고 대부분 정리되고 사라지는 계기가 되었다. 은행 간 합병은 신입 직원들에게까지도 영향을 주었고 스스로 은행을 나가거나 이직을 권유받기도 했다. MBA 등 공부를 위해 유학을 준비하기도 했다. 후배들 중에는 이때 은행을 그만두었다가 2000년대 초반 다시 들어오기도 했다. 은행으로서 합병은 피할 수 없는 일이었지만 지금 생각해보면 짧은 기간에 업무를 전반적으로 배우고 익히는 계기도 되었다.

커다란 조직도 결국 그 중심에는 사람이 있고, 핵심적인 사람들로 인해 좋은 결과가 만들어진다. 인사, 경영, 전략, 재무, 채권, 외환, 신탁, 전산, 심사 등 은행의 핵심 파트별로 두 개의 은행 각 파트별로 업무를 조율한다.

1년여 기간 동안을 밤늦게까지 야근을 하며 규정, 매뉴얼, 전산, 계정 등을 통합하는 일은 지금 생각해도 힘들었던 일이었다. 그러나 모든 일이 정리되고 새로운 조직이 출범될 때 느꼈던 그 감동은 지금까지 살면서 가장 큰 보람이었다. 그래서 합병이 끝나고 인사발령으로 영업 현장으로 나가려고 했으나 인수인계 등 안정화 필수 인원으로 남아 있어야 했다. 그 아쉬움은 그 이듬해에 책임자 승진으로 보상이 되었다. 나도 승진을 했다는 즐거움은 몇 달 갔던 거 같다. 승진 턱 회식을 핑계로 저녁과 술도 많이 샀다.

직장에서 승진은 정말 큰 의미가 있다. 처음 취업을 하고 해가 지날수록 상급자에 대한 부러움과 질투, 시기가 많아진다. 내가 상급자가 되면 지금처럼 하지 않을 텐데, 부하 직원들에게도 더 잘해주고 솔선수범 해야지하고 생각한다.

상급자는 다 일 안 하고 부하직원에게 지시만 하고 윗선에 보고만 하는 사람으로 생각되기도 한다. 1990년대에서 2000년 대로의 변화는 세대간의 인식의 차이도 크다.

막상 책임자가 되었는데 하는 일은 별 차이가 없는 것 같다. 여전히 엑셀과 워드, 파워포인트에 빠져서 보고서를 만들거나 회의자료를 만들고 회의를 한다.

오히려 직원일 때 하던 일에 책임자가 되어 생긴 일이 더해진 것 같았다.

직원일 때 상급자들은 또 한 단계 승진하여 여전히 상사의 위치에 있었고 업무와 생활도 계속 이어졌다. 과장이 차장이 되면 달라지겠지 하며 생각했다.

과장에서 만 4년이 경과하면 차장으로 승진이 되었다. 차장은 일반적인 승진의 최고 단계이기도 하다. 차장에서 관리자급인 부장이나 지점장으로 승진하는 것은 어느 단체에서나 여러 가지 변수가 반영되어 승진이 된다.

대리에서 책임자가 되기 위해서는 책임자 고시가 있어서 시험으로 합격을 해야 했다. 핵심과목 5개에 대해 시험을 보고 합격을 했다. 난이도에 따라 합격률이 달라지기도 했다. 책임자 시험에 합격하고 나면 인사 발령 시기에 따라 승진을 했다. 동기들과 비슷한 시기에 승진하면 다행이다. 동기들이 승진하기 시작하고 두 번째 인사 발령 때 승진을 해서 다행이었다.

차장에서 부장급 관리자로 승진하기 전에 카드사 분사 작업 때는 영업추진부서에서 근무를 하였다. 기획관리부서에서 기획 업무를 하다가 새로운 마케팅과 영업관리를 배우고 있었다. 전문계 카드사에서는 이미 한 부서가 되어 있었던 VIP팀을 맡고 있었다. 플래티늄카드 회원을 중심으로 한 VIP 마케팅 업무는 새로운 마케팅을 많이 진행하였다. CRM 마케팅이 도입된 이후 고객 세그먼트가 완료되어 중점 고객이 타기팅되어 있었고, 그에 따른 마케팅이 시행되었다.

고객의 니즈를 알기 위해 고객의 행태를 파악하는 데는 카드 정보가 가장 정확하다. 카드 정보를 GPS로 관리하는 것은 아니지만 카드 이용 내역을 추적해보면 고객별로 주 사용 가맹점 정보를 파악할 수 있다. 시간과 장소 정보 외에도 가맹점 업종 정보를 이용하여 주 사용니즈를 파악할 수 있다.

2020년대에도 카드 정보는 고객을 파악할 수 있는 가장 살아 있는 정보다.

고객을 파악하고 적절한 오퍼를 제공하여 매출액을 높이고, 고객 충성도를 높여 이탈을 방어하는 등 마케팅 효과를 높이는 데 도움을 주기 때문이다.

쇼핑을 주로 하는지, 온라인 쇼핑과 오프라인 쇼핑, 마트나 백화점 등 대형 매장을 주로 이용하는지 소매점이나 시장을 주로 이용하는지 등을 알 수 있다.

외식은 음식점을 한식, 중식, 일식, 양식 등에 대한 사용 패턴이나 주기 등도 파악할 수 있다. 여행이나 놀이공원 이용과 호텔 등 사용도 중요하다.

뮤지컬이나 연극, 영화, 콘서트 등에 대한 문화 생활 니즈도 살펴야 한다.

자동차를 이용하는 고객은 어느 주유소를 이용하는지, 대중교통을 이용하는 고객은 버스나 지하철을 어느 정도 이용하는지도 파악이 가능하다.

핸드폰 요금 결제나 음악 사이트, 넷플릭스 결제 등과 같은 구독 서비스를 이용하는 고객 니즈도 파악이 가능하다.

고객의 다양한 니즈가 파악되면 그에 맞는 쿠폰이나 이벤트를 설계하여 고객에게 제공하여 즉시적인 매출이나 고객 충성도 제고와 이탈 방어를 할 수 있다. 고객 입장에서도 때로는 이 서비스는 정말 시기 적절하고 유용하다. 그래서 이러한 서비스는 카드사들의 본격적인 경쟁력이 되어 왔다.

지금 생각해도 CRM 마케팅을 담당했던 시기는 참 보람이 있었다.

은행 생활의 꽃은 지점장이라 했다. 은행에 취직을 한 순간부터 대부분의 친구들은 그렇게 생각했다. 물론 지금 임원으로 승진한 친구들도 있지만 지점장까지만 하고 퇴직을 하자 하고 중간관리자로서 40대부터는 생각했다.

상품개발부에서 리테일사업부로 부서 명칭이 변경되고 나서 조직이 개편되고 인사 발령이 났다. 조직은 더 커지고 사업본부 체제로 변경되었으며 금융지주사와의 업무도 점점 많아지던 해였다.

그 당시에는 새로운 분들을 만났는데, 지금 생각하면 그것이 기회였고 운이었다. 은퇴할 때까지 차장으로 남아 있을 수도 있겠다는 생각을 해보기도 하던 때였다. 그때까지 같이 모시던 상사분들과 조직의 분사로 인해 단절되었다.

새로운 분들을 만났는데, 지금은 하늘의 별이 되신 부장님과 동기 팀장, 선배 차장님이 잘 도와주셔서 책임자에서 관리자로 승진을 할 수 있었다.

책임자 차장에서 관리자 부장으로의 승진은 그렇게 어렵고 운도 따라야 했다.

관리자 승진을 하고 전 부서직원들에서 소고기 회식을 해도 하나도 아깝지가 않았다. 승진과 함께 연고도 없는 구리지점으로 발령이 났을 때도 새로운 환경에 대한 두려움이나 걱정이 많지 않았다. 어떤 일이 벌어져도 해낼 수 있다고 생각했다. 어떤 불편한 사항이 생겨도 이겨낼 수 있다고 생각했다.

2년간의 영업점 생활을 마치고 본부로 다시 들어왔다. 고객 증대 TFT라는 임시부서로 발령이 나서 조직 구성과 사무실도 마련해야 했다. 그렇게 우리는 조직도 만들고 직원도 충원해서 팀을 만들고 업무 정의도 해 나갔다.

몇 년이 지난 지금은 그 조직이 영업의 한 채널로 자리 매김을 했다.

그리고 그 조직이 정식 부서가 되고 자리를 잡았을 때 사업 계획을 위한 전략 워크숍을 임원분과 부장급이 함께 갔다. 그 이후 인사 발령 때에 강남에 있는 지점으로 지점장 발령이 났다. 3천 세대가 넘는 아파트 대단지 내에 위치한 지점으로 점주권은 아파트 입주민 외에는 접근이 쉽지 않은 지점이었다.

그래도 초임 지점장으로서의 패기와 열정으로 전국을 돌며 영업을 하고 마케팅을 하고 직원들과 소통하고 추억도 만들고 그렇게 지냈다.

지점장 발령받은 그해 여름에, 팔십 중반이셨던 아버지가 돌아가셨다. 정말 정신없이 바쁠 때였으나 아버지에게 일주일에 두 번 이상 병원에 들르고 문병을 했다. 그러나 운명은 그렇게 아버지를 하늘나라로 이끄셨다. 선산이 없던 우리 집은 장례지도사의 권유로 가평에 있는 수목장에 아버지를 모셨다. 다음 해에 우리 지점은 옆 지점과 통합되었고 통합지점장으로 발령이 났다. 통합지점장 발령으로 일 년 반을 직원들과 가깝고 행복하게 보내려고 노력했다.

1.4 짧게 고민하고 과감하게 은퇴했다

구리지점으로 발령을 받고 첫 소감을 말할 때 했던 말이 생각난다.

"구리지점을 금빛 지점으로 만드는 데 최선을 다하겠습니다."

직원들이 박수치며 미소 지으며 웃었던 모습이 떠오른다.

은퇴를 금퇴로 만들겠습니다. 이런 문구를 어디서 본 것 같다. 은퇴 준비를 잘 하고 있습니까? 라는 물음에 대한 답변이었다.

미리미리 금융자산도 효율적으로 포트폴리오를 세우고, 연금 계획도 세우고, 은퇴 후를 위한 자산 형성을 위한 부동산 투자 등 장기 투자 계획도 세우고,
자녀에 대한 교육비나 증여계획도 준비하고 실행하는 분들도 있다.

그러나 대부분의 직장인들은 직장 업무에 매여 쉽지가 않다. 아니면 그 핑계를 대고 은퇴 준비는 미루고 있는지도 모른다. 그러다가 막상 은퇴의 시기가 오면 친구들에게 물어보기도하고 선배들에게 조언을 구하기도 한다.

하지만 은퇴 준비에 정답은 없고, 은퇴를 그나마 스스로 결정할 수 있으면 다행이고 정확히 퇴직 시기가 예정되어 있다면 예측이 가능하니 다행이다.

짧게 고민하고 과감하게 은퇴했다.

22년 상반기가 끝나고 영업점 평가 결과가 나올 때쯤 해서 인사발령이 났다. 지점장에서 물러나고 새로운 조직에서 영업을

할 것인지, 특별퇴직을 할 것인지 고민의 시간이 주어졌다. 두 지점으로 이어진 지점장 생활을 정리하는 시기였다.

그러나 나는 그 고민은 그렇게 오래 하지 않았다. 하루도 걸리지 않았다.
이미 마음속에 그런 시기가 오면 그렇게 하기로 마음을 먹고 있었기 때문이다.

2019년 여름 아버지가 돌아가시고, 남은 인생에 대한 가치관에 대해 고민을 많이 해봤다. 가족들을 위해서 얼마나 시간을 보냈을까? 나 자신을 위해 얼마나 시간을 위해 보냈을까? 하고 말이다. 정말 좋아하는 일을 하고 있는 것일까 하고 말이다. 50대 중반이 되어서면서 그런 생각이 들었다

어떻게 80대까지 먹고살아야 할까? 애들 학교 졸업과 결혼은 어떻게 시킬까?

이런 고민은 현실적이지만 피부에 직접적으로 와 닿지는 않았다.

그보다는 지금 일 년 이 년 더 다니면서 스트레스를 받거나 건강에 이상이 있으면 오히려 3년, 4년도 앞을 내다보기 힘들지 않을까 하는 고민도 들었다.

명퇴는 해마다 없어진다고 하고 조건은 나빠질 것이라고 예측한다. 그러나 현실적으로는 약간의 조정은 있었으나 그렇게 큰 변화는 없다. 은행도 노조가 있고 대기업이어서 쉽게 변하기는 어렵다고 본다. 물론 최근의 명퇴 조건이 10년 전보다는 조건이 좋지는 않다. 그래도 타 업계보다는 차이가 크다.

최근 지점장 시절에 만났던 유명한 분 중에 저서에 사인을 부탁드렸던 기억이 있다. 그중 한 권은 『겸손은 위선이다(박종진 지음)』이고 다른 책은 『노희영의 브랜딩법칙(노희영 지음)』이다.

『겸손은 위선이다』를 먼저 소개해본다. 이 책은 박종진 앵커의 유쾌한 인간관계 특강이라는 부제처럼 인간관계에 대한 다른 접근을 솔직하게 풀어낸 책이다. 이 책을 읽고 나서 인간관계에 대해 솔직하고 오래 인연을 이어가는 것이 중요하다고 생각했다.

『노희영의 브랜딩법칙』을 읽으면서 나도 27년여 동안 조직생활 내에서 했던 다양한 마케팅에 대한 생각과 그 동안의 브랜딩에 대해 고민을 다시 생각해보는 시간을 가질 수 있었다. 브랜드는 생명이다. 잘 가꾸고 키워야 한다.

결코 혼자서는 할 수 없는 일이고 운도 따라야 한다. 이 부분이 각인되었다.

가장 고민되던 시기에 읽었던 책에서 결정은 빨리 해야한다고 생각했다.

어떤 결정을 할 때 우리는 많이 고민하고 시간을 갖는 경우가 많다. 하지만 바둑을 아는 사람들은 바둑 격언 중에 '장고 끝에 악수다'라는 문구를 기억한다. 가장 나쁜 결정은 느린 결정이다 이런 문구도 생각이 난다. 그만큼 이미 마음속에는 결정을 하고 있는지도 모른다.

직장 생활을 하다 보면 상사나 동료와 일할 때도 의사결정 과정에서 판단이 느린 사람과 일하는 경우와 그 반대로 빠른 사람과 일할 때 그 결과의 차이는 크다. 때로는 빠른 결정이 잘못된 경우라도 하더라도 또 빨리 수정하고 가면 된다. 그러나 결정 자체가 느리면 그 결정에 따라 움직이는 많은 사람들이 그 결정 과정까지 기다리거나 다른 일을 하여야 한다. 일의 효율성도 떨어지기 쉽다.

금융 업종의 사람들은 대부분 빨리빨리에 익숙해져 있다. 시간이 곧 돈이기 때문이다. 증권사가 가장 시간에 민감하고 정보가 많다. 그 다음이 은행이라고 생각한다. 정해진 시간에 업무를 시작하고 정해진 시간에 업무를 마감하고 평상시에 방문한 은행 객장은 손님도 없고 한가해보이지만 그 안에서 바라보는 일상은 호수 위의 백조같이 부지런히 발을 움직이듯 머릿속은 바쁘다.

직접 영업을 뛰는 지점장이나 부장들은 더 그렇다. 만날 사람들은 많고 갈 곳도 많다. 가까운 곳은 하루에 서너 곳을 갔다 오지만 먼 곳은 하루에 한 곳 정도 갔다 오기도 힘들다. 어떤 날은 현장에서 퇴근하기도 한다. 업무 마감과 결재도 해야 하지만 늦게라도 복귀하여 정리하면 그나마 마음이 편하다.

이렇게 시간에 쫓기어 살며 익숙해져 온 직장 생활이 보통 30년가량 이어진다. 그래서 어떤 결정을 할 때 고민을 많이 하기보다는 빨리 하게 되었다.

은퇴 후의 삶의 행복 기준은 무엇일까?

건강은 항상 첫 번째라고 본다. 가장 최근에도 친한 선배가 하늘나라로 가셨다. 불과 한 달 전까지 같이 모여서 사업 이야기를 같이 하던 분이었는데, 많이 좋아졌던 암이 재발하면서 급격한 증세 악화로 불과 4주 만에 세상을 뜨셨다.

실감이 나지 않았다. 도저히 믿기지도 않았다. 장례식장에 가서 문상을 하고 집으로 돌아와서도 기분이 참 이상할 정도로 정말일까 하고 생각했다. 49재가 아직 지나지 않았으니 현실에서의 이별은 아직 끝나지 않은 걸까?

건강을 위한 준비와 노력에는 본인 이외에는 어떤 도움도 절대적일 수는 없다. 스스로 준비하고 운동하자. 영양을 균형 있게 음식을 섭취해야 한다. 잠을 잘 자야 한다. 나에게 필요하다면 비싼 침대라도 주저하지 말자. 좋은 이불과 편안하고 나에게 맞는 베개도 오늘부터 바꾸는 것이 좋다.

가족들과의 행복이 가장 큰 행복이라고 생각한다. 배우자와 하루하루 소중한 추억을 쌓고, 맛있는 음식을 찾아가서 먹고, 멋진 장소를 찾아가고, 축제를 즐기러 자주 찾아가야 한다. 우리나라만큼 축제가 많은 나라가 있을까? 서울은 서울대로 동네마다 축제가 가득하다. 음악도 좋고 음식도 좋고 쇼핑도 좋고 봉사도 좋다. 가족과의 추억 쌓기는 은퇴 후에 중요한 행복이다.

배우자와 자녀 외에도 반려동물과의 추억 쌓기는 은퇴 후에 감정을 풍부하게 한다. 반려동물과의 산책이나 여행은 은퇴 후에 누릴 수 있는 최고의 행복이다. 좋은 사료와 간식, 장난감, 옷 등을 통해서 반려동물의 행복 지수를 높이는 동안 나의 행복 지수는 더 높이 올라간다.

자신을 위한 공부의 시작, 이것을 은퇴 후의 커다란 행복으로 생각한다.

공부에는 이제 영역에 한계가 없다. 직장 생활에 꼭 필요해서 언제까지 반드시 취득해야 했던 자격증 공부는 아니다. 전문적인 공부가 좋으면 자격증 공부도 좋다. 제2직장을 위한 자격증 공부도 좋다.

하지만 나를 위한 독서도 좋은 공부다. 소설이나 에세이, 수필, 시집도 좋다.

문학적인 갈증을 해소해 나간다면 감성이 풍부해지고 여유가 생긴다.

박사 학위 도전은 은퇴 후 등산을 취미로 100대 명산 도전하는 생각과 비슷할까? 하지만 고민은 짧게 하고 실행에 옮긴다면 시간은 금방 간다.

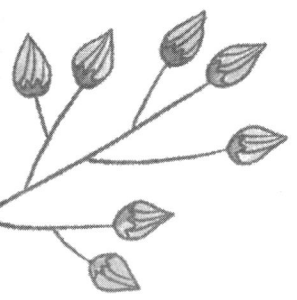

1.5 은퇴를 위해 이미 공부하고 있었다

2019년 본점에서 다시 영업점으로 지점장 인사발령이 나던 때에 아버지와 얘기하다 공부를 다시 시작해야겠다고 마음 먹고 대학원을 알아봤다.

1995년에 대학을 졸업하고 바로 취직을 하여 한 직장에서 27년을 다녔고, 은행 생활 중에 2010년에 연세대학교 상남경영원에서 6개월 과정을 공부했었다.

은행을 위한 자격증 공부 외에는 본인 공부를 해야겠다는 생각은 하지 못했다.

은퇴 후에 이용할 목적으로는 공인중개사나 주택관리사 공부를 해볼까 하고 생각을 해본 것이 다이다. 국가인정자격증 중에는 직업상담사 자격증을 취득하고 산학 취업상담이나 헤드헌팅사에 취업을 하는 정도를 고민해봤다.

대학원에 진학을 목표로 세우고 대학원을 알아봤다. 일단 학사로서 석사 과정을 마치고, 석사 학위를 취득한 후 박사 과정까지 도전을 해보고 싶었다.

소위 일류대학교나 중상위대학교도 대학원 과정은 쉽지가 않다. 입학도 어렵고 주중 수업이 있어서 직장과 병행하기에 어려움도 있다. 어렵게 입학이 되었다고 해도 젊은 학생들과의 경쟁도 피할 수 없는 숙제이다. 석사 과정은 요즘은 학점제로 운영하는 대학원도 많이 있다. 그래서 수업을 열심히 듣고 학점을 채우면 석사 학위를 받을 수도 있다. 그러나 석사 논문을 쓰고 석사 학위를 받는 것과 학점제로 석사 학위를 받는 것은 개인의 생각 차이가 있다고 본다.

당연히 모교인 고려대학교 대학원을 검토했으나 현실적으로 어려움이 많았다. 건국대학교 부동산대학원도 검토하였으나 업무와 병행하기에는 쉽지 않아 보였다.

업무 제휴건으로 방문했던 서울벤처대학원대학교는 그래서 전혀 생각지도 못한 우연한 기회에 인생의 공부에 한 획을 긋는 기회가 되었다.

중학교와 고등학교, 대학교를 30분 이내 거리에서 다닌 것을 생각하며서 지하철 두 정거장 거리에 있는 대학원은 일단 마음속으로 합격이었다.

지도 교수님과의 인터뷰를 하고 지도 교수님이 언제나 마음속에 있는 미국 동부의 명문대학교인 코넬대학교 박사님이시라는 소개에 두 번 합격이었다.

마음속에 늘 두 개의 학교가 남아 있었다. 미국 서부의 스탠포드대학교, 동부의 코넬대학교, 이런저런 사연은 많지만 이 두 개 학교는 나의 이상향 학교였다.

지난해 큰딸이 동부에 어학연수를 다녀올 때 스탠포드대학교 티셔츠를 기념품으로 사다주어서 무척이나 기뻤던 기억이 난다.

지도 교수님의 솔직하고 정확한 안내와 은퇴 전에 공부를 시작하려는 학생의 마음을 충분히 이해하고 공감해주셔서 지원서를 내게 되었다.

대학원은 정말 지도 교수님을 잘 만나야 한다. 이런 이야기는 모두가 공감한다. 공부는 학생이 다 한다는 생각은 맞지만 틀린 이야기이기도 하다.

그 이유는 초등학교나 중고등학교와는 다르게 대학교와 대학원은 논문이 있기 때문이다. 논문은 본인과 지도 교수님이 합작한 예술품이라고 생각한다.

석사 입학을 하기 전에 대학원에서 겨울에 마포 갈빗집에서 동문선후배와 교수님들이 저녁 자리를 한다고 연락이 와서 예비 입학생들도 초청을 한다고 했다. 그때 호기심 반과 기대감 반으로 그 자리에 참석을 했는데, 교수님들도 오시고 동문 선배님들이 오셨는데 나이가 60대나 70대도 참석을 하셨다.

저녁을 먹으면서 술잔도 같이하고 즐거운 시간을 보냈다. 그때 그 갈빗집의 연기 자욱한 가게 안에서 석사 동기로 입학한 친구들도 5명 정도를 만났다.

그리고 그 친구들과 함께 석사에 입학한 동기 친구들은 모두 7명이었다. 다양한 직업과 나이와 사는 곳도 다르지만 오로지 공부에 대한 열정과 학위 취득에 대한 기대감으로 만났다. 그렇게 시작한 친구들은 나중에 또 얘기하겠지만 박사 학위 과정까지 같이 하는 원동력이자 든든한 기둥이 되었다.

혼자 하면 모든 것이 두렵고 힘들고 외롭다. 하지만 누군가 한 명이라도 같이 한다면 그 부담은 반으로 줄고 끝까지 결과를 만들어 낼 수 있다.

석사 학위는 2년 과정이며, 우리 학교는 매주 토요일 정규수업과 목요일이나 금요일에 있는 특강 수업이 있어서 학점은 매주 토요일 세 과목을 수강하면 기간 내에 졸업 필수 학점을 이수할 수 있다. 석사는 학점제도 운영하고 있어서 졸업필수 학점에 석사 학위 학점을 추가하여 이수하면 되고, 학기 중 수업일수와 중간, 기말고사나 과제를 수행하면 된다. 졸업을 위한 영어 시험과 전공 시험을 합격하여야 한다. 석사 학위는 논문을 쓰는 편이 좋다. 대학교를 졸업한 지 30년이나 그정도 지난 분들은 더욱 그렇다고 생각한다. 특히 박사 과정을 염두에 두고 계신 분이라면 더욱 그렇다. 석사 학위 논문으로 다시 한번 공부에 대한 열정과 지식에 대한 탐구, 나만의 논문 주제에 욕심이 생긴다.

직장과 병행하는 대학원 과정은 시간이 정말 빨리 간다. 직장에서 월초에 하는 각종 회의와 행사 등에 정신이 없고 월 중순에는 외근과 출장도 가고, 월말에는 영업 마감과 목표 달성을 점검하고 챙기면서 시간은 순식간에 간다.

　한 학기가 시작하고 금방이었는데 벌써 중간고사이고 기말고사이다. 일 학년은 시간이 더 빠르게 간다. 입학식과 환영식을 하고 워크숍 한번 갔다 오면 수업은 이미 기말 고사가 코앞이다. 여름 방학이 오고 시간은 더 금방 간다.

　2학기는 정말 짧다. 졸업반들의 논문 마감을 위한 집중 시간으로 교수님들도 바쁘시고, 재학생들도 바쁘게 기말고사를 향해 가다 보면 12월 초에 방학을 맞는다. 겨울 방학 때는 석사 논문 주제에 대한 고민을 시작하게 된다.

　석사 논문 주제는 보통 지도 교수님과 상의 결정하게 되는데, 가장 중요한 것은 본인이 가장 잘 알거나 자신 있거나 본인 직업과 관련된 주제를 선정하면 좋다. 내 경우 금융계에서 오래 근무했던지라, 금융 관련 주제 가운데서 석사 논문 주제를 고민하게 되었으며, 석사 동기 중에 한 명이 금융에 대한 연구 주제로 논문을 작성하게 되어 동시에 같이 논문을 준비할 수 있었다. 기업 재무 정보를 온라인으로 데이터를 수집하여 기업에 대한 평점을 분석하고 우량기업을 선정하여 포트폴리오를 구성하여 예측을 해보고 싶었다.

　박사 학위는 누구나 고민해본다. 막상 도전하기에는 쉽지 않은 점이 내 생각에는 보통 대학 졸업 후 학사가 많기 때문이다. 대학원 석사 학위를 보유한 경우에는 대부분이 박사 과정을 수료하거나 학위를 취득한 경우가 많다. 학사 학위 소지자는 석사 과정부터 해야 하니 당연히 그 부담이 크고, 그 부담은 시작하기 전에는 도저히 감당하기 어렵다. 배우자나 친구들과 대화를 해봐도 공부하는 시간과 학업 비용 등을 검토하면 대부분이 부정적이다. 그래서 아직은 박사 학위 보유 인구가 누적 전체 30만 명대이다. 예전에는 박사 학위 열람 책자를 매년 발행해왔던 시기도 있었다. 하지만 지금은 학술연구정보서비스(RISS)에서 학술지 논문부터 석박사 논문이 검색된다.

석사 학위 논문이 통과되고 박사 과정에 입학하고 3년여 시간을 동기들과 같이 공부하고 이학년 중간 때부터 박사 과정 논문 주제에 대해 서로 논의하고 찾아간다. 지도 교수님과 세부적인 협의를 통해 논문 주제를 선정하고 나면 연구 방법에 따라 선행연구 조사와 통계 분석을 위한 설문지를 구성하고 설문 조사를 진행하게 된다. 설문지를 구성하는 방법이 가장 중요하다. 논문의 성공과 실패는 이 부분에서 정해지기도 하고 많은 시행착오를 거치기도 한다.

설문조사를 할 때가 가장 재미도 있고 기대도 되고 이론적인 근거를 실제 데이터로 검증한다는 통계 결과에 대해 궁금증이 제법 커진다.

박사 학위 논문은 복수의 심사위원 앞에서 여러 번의 논문 심사를 거쳐서 의견을 반영하여 수정하고 보완하는 과정을 거친다. 그 시간은 짧은 듯 보이지만 한편으로는 아주 오래고 긴 시간이기도 하다. 밤샘을 해서 논문을 써보지 않은 사람은 본인의 논문에 대해 두고두고 아쉬움이 남는다. 하지만 최종 심사에 통과되었을 때 그 기쁨은 인생에서 만나는 큰 즐거움 중의 하나이다.

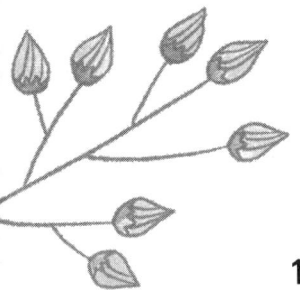

1.6 은퇴는 하되 사람들과는 은퇴하지 말자

학교 친구들은 평생 친구가 되기 쉽다. 어렸을 때는 그 시절의 추억대로, 성인이 된 대학교 친구들은 또 다른 경험과 추억으로 친구로서 남아 있게 된다.

학교 친구들은 몇십 년 만에 만나도 반갑고 할 이야기가 끝이 없다.

그래서 은퇴 시기 나이에 들어 학교를 가면 새로운 친구들을 만나는 소중한 경험을 다시 하게 된다. 공부를 함께하면서 느끼는 동고동락의 추억이 생긴다.

특히 논문을 같이 고민하고 첫 페이지부터 함께 쓰기 시작하면 논문이 완성되고 예비심사와 본심사를 거쳐 최종 완성이 되어 합격의 기쁨을 나눌 때는 참 오랜만에 친구의 우정을 경험하게 된다. 그래서 박사 학위 동기들은 인생에서 은퇴가 없는 평생 친구가 된다.

직장에 취직하고 신입직원이 되었을 때는 나중에 어떤 상사가 되어야겠다라고 누구나 고민해본다. 부하직원을 잘 리드하고 솔선수범하는 모습을 보여주려고 하고 잘 소통하고 공감하는 상사가 되어 친구 같은 직장 동료가 되고 싶어 한다.

지금 돌이켜보면 그 시절에는 직원들을 공채로 채용하던 부분과 별도로 부서별로 일부를 계약직으로 채용하는 방식으로 변화되던 시기였다. 2000년대 초에 그렇게 채용했던 직원들과 지금도 생각해보면 참 잘 지냈다.

그때 채용된 직원들이 나중에 전환 시험을 통해 정식 직원이 되고 승진도 하고 자리를 잘 잡아가는 모습을 볼 때 누구보다 기쁘고 보람이 있었다. 그 후배들은 지금도 가끔 소식을 받아본다.

그런 직원들 중에 기억에 남는 친구가 있다. 그때도 부서에서 파워포인트나 워드나 포토샵 등 문서 작업과 디자인 편집 업무를 담당할 직원이 필요하여 부서에서 직원을 충원하여야 했다. 부서에서 자체적으로 면접을 보고 같이 일하게 된 친구는 정말 성격도 좋고 잘 적응하였고 업무 실력도 훌륭했다. 2년간의 계약기간이 끝나갈 때 아쉬움에 관계 회사에 추천하였더니 바로 채용이 되었다.

그때 이후 그 친구는 관계 회사에서도 실력을 인정받아 잘 지내고 결혼도 했다.

첫 지점장으로 있었을 때 기억에 남는 직원들도 있다. 일정 기간을 근무하면 순환근무를 하는 은행은 직장에서 많은 사람들을 만난다. 직원이 발령나고 충원이 되지 않아 직원들이 업무를 나누어 하다 보니 힘들고 불만도 있었던 시기가 있었는데 어렵게 지방에서 직원이 충원이 되었다. 그런데 불과 몇 달만에 배우자가 미국으로 직장 발령이 나서 그 직원도 아이 둘과 함께 미국으로 갈 수밖에 없는 상황이었다. 맞벌이에 어린이집 다니는 자녀가 둘이었다. 지점 현실 때문에 고민이 많았지만 직원들과 상의하고 나니 본점의 해외 파견 발령이 났다.

그때 그 직원이 혼자 남아 어린 자녀 둘을 돌보며 생활하기는 불가능하였다. 1년간의 해외 파견 생활을 마치고 귀국했을 때 그 친구가 고맙다고 인사왔던 것이 생각난다. 지금 생각해도 잘 했다고 생각한다.

외근이 많은 지점 환경에서 지점을 지켜주는 직원들이 항상 고맙다. 특히 창구를 지켜주는 친구들은 정말 고생이 많고 힘들다. 그래서 책임자들이 중요하다.

섬과 같은 지점 환경에서 직원들과 함께 힘들었던 시기를 잘 이끌어주었던 팀장님들은 그래서 더 기억에 많이 남고 추억이 된다. 처음 만났던 분은 신입 직원 때 나에게 연수를 받아서 친했던 분이었다. 항상 열정이 넘치고 활기찼다.

갑작스런 원거리 발령으로 인사부에 많은 의견서를 제출해서 단기간에 다시 서울로 복귀 발령이 나도록 힘을 보탰던 기억이 난다. 두 번째 만난 분은 경험이 많고 인자하시고 은퇴를 앞두고 있었는데, 지금 생각해보면 내가 더 도움을 많이 받았다. 항상 직원들에게도 리더십도 있으시고 열정도 컸다. 두 번째 지점에서 만난 책임자는 정말 일도 잘하고 직원들도 잘 이끌어서 걱정이 없었다.

출퇴근 시간이 오래 걸려서 힘드셨을 텐데, 항상 부지런하고 영업 지원도 먼거리 외근도 적극적이었다. 승진을 최종적으로 도와드리지 못한 것 같아 미안하다.

첫 지점에서 두 번째 지점까지 함께했던 PB부장님이 나의 은퇴 후 지점장으로 승진 발령이 났을 때 참 기분이 좋았다. 멋지고 존경받는 지점장이 될 거라고 확신한다.

직장에서의 가장 큰 즐거움과 보람은 승진이라고 생각한다. 그리고 그것은 본인의 승진이 가장 큰 기쁨이겠지만 부하 직원의 승진은 정말 커다란 감동이다.

그래서 보통 소속 지점의 성과에 따라서 승진이 좌우되면 직원들의 상실감은 더욱 크다. 개개인의 성과를 다 공평하게 따질 수는 없지만 개인으로는 탁월한 성과를 내는 친구들이 있다. 지점장 생활 중에 승진을 경험한 부하 직원들을 생각해보면 기분이 좋아진다. 두 개의 지점이 통합하여 만났던 대출 담당 직원이 처음으로 승진을 하고 본점으로 발령이 났을 때 그래서 나도 기분이 좋았다. 그리고 PB팀장으로 발령이 나서 원거리를 출퇴근하던 직원이 자택 가까운 곳으로 발령나서 같이 지점 인사를 같이 갔을 때도 참 기분이 좋았다.

함께 근무했던 대출 담당 직원들에게는 참 애착이 많이 갔다. 보통은 지점장보다는 책임자들과 더 많이 일을 해야 하는데, 업무 특성상 지점장과 직접적으로 많은 업무를 하다 보니 불편하고 힘들었을 텐데 열심히 도와주었던 후배들이었다. 다행히도 한 명은 은퇴 전에 세 명은 은퇴 후에 다 승진해서 그 소식을 나

중에 들었는데도 내 일처럼 기분이 좋았다. 승진 축하 난을 주문하면서 정말 잘 됐다고 생각했다. 지점 성과가 좋았다면 더 빨리 승진했을 텐데 하고 생각했다.

은퇴를 하고 나면 많은 사람들하고도 은퇴해야 한다고 한다.

직장 선후배나 동료와도 모임을 줄이고, 대학 친구나 고등학교 친구들과의 동문회나 친목 약속도 줄이고, 경조사에도 최소한으로 가야 한다고 한다.

이러한 배경에는 은퇴 후에는 소득이 없고 재취업하지 않을 때는 재정적인 부담 때문에 이러한 문제가 발생한다고 생각한다. 맞는 말이기도 하고 틀린 말이기도 하다. 하지만 나는 사람하고는 은퇴하지 말아야 한다고 생각한다.

은퇴를 결정하고 나서 직원들에서 은퇴 발표를 하고 남은 연월차 휴가를 다음 주부터는 출근하지 않겠다고 했을 때 직원들 표정도 반신반의하는 듯했다. 그도 그럴 것이 부하직원들이 은퇴에 대해 더 고민해보지는 않았다고 생각했다.

업무 정리와 인수인계를 마치고 출근하지 않을 때 지점에서 연락이 왔다.

은퇴식을 준비하였으니 참석해 달라고 하며 시간과 장소를 알려주었다.

지금 생각해도 참 고맙고 좋은 추억을 만들어주어서 한 사람 한 사람에게 모두 감사한다. 꽃다발과 케이크, 와인과 맛있는 식사로 풍성했던 마지막 은퇴의 날이었다. 그래서 그 직원들과는 인퇴(人退)하고 싶지 않다.

고등학교 동문회는 일 년에 한두 번 정도 참석한다. 고등학교를 유학을 갔던 터라 지금도 집이 멀고, 거의 중학교와 초등학교는 공통점이 없다. 갈 때마다 새로운 친구들은 만나는 것 같다. 소규모 반창회나 골프모임은 열심히 참석해보려 한다.

은행 동기들하고의 모임도 하고 있다. 처음에는 매주 만났는데 바쁠 때는 한 달에 한두 번 정도 시간이 되는 친구들끼리 만난다. 여러 친구들 소식도 듣고 금융이나 재테크 정보도 공유하는 장점이 있다. 대학 동아리 모임은 정말 비정기적인 모임이다. 경조사가 있거나 동기들과 일 년에 두 번 정도 보고 골프 모임으로 일 년에 두세 번 만난다. 대학 친구나 선후배와의 모임은 정말 주제가 다양하다. 직장이 다양하다 보니 서로 대화의 주제도 다른데 논쟁보다는 의견을 많이 나누는 특징이 있다. 성당 종교 활동은 영적인 분야라서 조금 결이 다르다.

은퇴는 하였으나 사람들과는 은퇴하지 말고 현명하게 잘 이어가자.

인생 2막을 살다

인생 2막을 살다

1장 요약: 나의 첫 번째 인생과 전환점

1. 첫 번째 인생 여정

직장 생활 27년간 은행에 근무하며 여러 부서와 지점을 경험

성실하고 충실한 삶이었지만, 일 중심의 일방향적 삶에 대한 회의감도 있었음

몸과 마음이 지쳐가던 중, 은퇴의 시간이 오고 과감히 은퇴 결심

2. 전환의 계기

퇴직 후 불안과 두려움, 그러나 내면의 자유를 찾음

"나를 위한 삶"의 필요성을 깨닫고 본격적인 자기 탐색 시작

독서, 명상, 여행, 다양한 사람들과의 만남을 통해 삶의 방향 세우기

3. 인생 2막을 위한 준비
'삶의 의미'와 '자기다움'을 찾는 데 집중하기
단순한 직업이 아닌, 하고 싶은 일에 대한 지속적인 생각
자신이 하고 싶은 것과 잘할 수 있는 것의 교차점을 찾아보기

4. 깨달음과 다짐
진정한 행복은 남과 비교하지 않고, 내면의 소리에 귀 기울이는 것
이제는 경험을 나누고, 다른 이들의 삶에 긍정적인 영향을 주는 삶을 살기로 결심

평생 은행에서 배운 금융 경험들

한 층 한 층 잘 지어진 집처럼 경험은 쌓인다.
(프랑스 파리 풍경, 큰딸 여행 사진)

2.1 금융은 단리보다는 복리다

 금융 자산을 증대하여 부를 축적하는 방법에 대한 많은 조언이 있지만 가장 먼저 들었던 말은 아마도 저축을 하라는 말이었다. 부모로부터 받았던 용돈이거나 아르바이트를 해서 받은 월급에서 일부를 적금을 가입하거나 저축을 하여 원금을 모아보는 방법이다. 아마도 지금도 자녀에게는 이러한 말을 가장 많이 하지 않을까? 일정한 금액이 모이면 고민이 생긴다. 원금에 불어나는 이자를 생각하며 더 이익이 되는 다양한 금융상품을 찾아서 고민해 보게 된다.

학교에서 배운 대로 단리이자보다는 이자에 이자가 붙는 복리이자를 찾아보게 된다. 우선적으로는 여러 금융기관의 정기예금 금리를 비교하는 습관이 생긴다. 기본적인 금리 차이는 금융기관을 선택하는 데 있어 가장 첫 번째 고민이다.

경기 상황에 따라 금융기관도 불안정하여 예금보험공사가 보장하는 예금자 보호 한도인 5천만 원에는 원금뿐만 아니라 이자도 포함된다. 증권, 보험, 저축은행이나 신협, 수협, 새마을금고 등 제2금융권에서의 특판 예금금리가 제1금융기관인 은행보다 높아도 예금자 보호 한도 정도까지만 가입하는 경우가 현명하다는 이유이다. 20대에서는 원금을 모으기 시작하는 가장 중요한 시기이다.

학교를 졸업하고 취직 후 월급을 받으면 독립하는 사람들도 많은데 그럴 경우에는 월세 등 생활비 부담으로 저축에 어려움을 겪기도 한다. 하지만 지금은 정부에서 혜택을 제공하는 청년우대상품들이 많아서 이를 적극 가입해야 한다. 남자들은 군대에 가서 군인장병우대저축상품에 가입하면 전역 시 목돈을 만들어 나올 수 있다. 원금을 정부에서 추가로 불입해주는 상품도 있어서 필수이다.

또한, 다양한 보험 상품에 가입하는 시기도 20대나 30대 초를 추천한다.

생명보험이나 손해보험 등 보장성 보험이나 장기투자를 위한 보험상품도 검토하고 본인의 상황에 맞도록 상품 설계와 상담을 받아보고 가입하면 된다.

30대나 40대에는 금융자산에서 대출을 활용하는 레버리지 활용이 중요한 시기이다. 주택 구입이나 주택 이사를 위한 전세보증금을 위한 대출을 이용하게 되며 주택구입자금은 부동산 담보대출로 담보금액의 일정 비율을 한도로 가능하다. 최근에는 총부채원리금상환비율(DSR, Debt Service Ratio), 개인이 받은 모든 대출의 연간 원리금을 연소득으로 나눈 비율로 소득대비 원리금 상환 부담비율이 대출 한도 산출시 반영된다. 또한, 총부채상환비율(DTI, Debt To Income) 금융 부채 상환능력을 소득으로 평가하여 대출한도를 정하는 비율을 감안하여 대출상환액이 소득의 일정 비율을 초과하지 않도록 제한을 두고 있다. 기본적으로는 주택담보대출은 주택담보대출비율(LTV, Loan To Value ratio)을 금융기관별로 운영하고 있다. 주택담보비율이 60%라고 하면 주택담보인정가격의 60%만큼만 대출을 한다는 기준이다. 물론 소액임차보증금 우선 변제제도 때문에 방수와 이를 소액임자보증금으로 환산하여 차감하여 최종 한도를 산정한다. 대기업이나 복지제도가 좋은 기업체는 임차주택이나 사택을 제공하는 경우도 있으니 이를 활용하면 안정적으로 초기부터 금융자산을 증대하는 데 도움을 받을 수 있다. 현재는 서울을 기준으로 주택에 대한 자금 부담이 가장 크다. 주택담보대출 이외에 상가 구입이나 지식산업센터, 오피스텔이나 생활형숙박시설 등 수익형 부동산에 대한 대출 레버리지를 활용한 투자도 적극적으로 검토하는 시기이다. 수익형 부동산을 담보로 하는 대출은 사업자대출로 분류되어 임대업 개인사업자나 법인사업자를 신규하여 대출을 취급하게 된다.

이때에는 미래의 예상 수익에 대한 최대한 정확한 데이터를 바탕으로 의사결정을 하는 것이 좋다. 보통 금융기관은 최대 70~80%까지도 대출을 진행한다.

또한, 계약금은 본인 자금으로 납부를 하지만 중도금은 무이자 혜택을 제공하는데 법인이 이자를 부담하되 대출은 구입자 명의로 발생하는 경우가 많다.

부동산이 완공되면 최종 명의 변경 등기를 위해 자기자금으로 잔금을 납부하거나 부동산담보대출로 전환대출을 받게 된다. 보통 잔금 중 20~30% 정도를 본인 부담으로 하고 담보대출을 최종적으로 70~80% 정도를 받게 된다. 이때 대출금리가 가장 중요한 관심사이다. 자금과 세금 납부 등 정리가 완료되고 부동산 등기가 완료되면 수익형 부동산들은 월세나 전세, 수익 배분 등에 따라 실질적인 수익률이 결정되고 대출이자를 반영하여 최종 수익률을 산정하게 된다.

은퇴 후의 노후 대비를 위해 가장 중요한 개인형 IRP는 개인형퇴직연금 계좌라고 하며 근로자가 이직, 퇴직 시 받는 퇴직금 및 개인 부담금을 자유롭게 적립하여 운용하다가 연금 등 노후자금으로 활용할 수 있어 퇴직 후의 안정적인 생활을 위해 마련된 계좌이다. 직장을 다닐 때는 연말정산을 위한 세제 우대 혜택을 위해서 반드시 가입하고 일정 금액을 정기적으로 납입하고 연말에는 그해의 세금우대 한도를 점검하여 연금저축과 IRP를 합쳐 최대 900만 원까지 납입이 가능하며 이 중 700만 원에서 900만 원까지 세액공제를 받을 수 있으니 최대치까지 추가 불입하는 등 현명한 활용이 필요하다.

막상 사직서를 제출하고 퇴직금을 정산하여 받기까지는 한 달 정도의 시간이 걸리는 회사도 많다. 그러면 퇴직금 입금 전 그 기간까지는 아직 실감이 나지 않는다. 하지만 회사에서 퇴직금이 개인형퇴직연금계좌로 입금이 되면 대부분의 사람들은 기존의 거래하던 은행으로 전화를 하거나 방문하여 상담을 하게 된다.

개인형IRP는 30%는 안전자산으로 70%는 위험자산으로 운용할 수 있다.

실제로 운용해 본 경험을 말해보면 안전자산은 제2금융기관 정기예금으로 운영하되 각 금융기관마다 예금자 보호한도까지로 복수로 가입하면 안전하다.

위험자산은 각자의 투자성향분석 결과에 따라 ETF, TDF, 펀드 등으로 운용하거나 금융기관별로 위탁운영하는 디폴트옵션 등으로 운용하는 방법이 있다. 최근에는 AI로 연금투자 솔루션을 제공하는 금융기관도 있다.

퇴직금은 퇴직소득세를, 운영수익에 대해서는 기타소득세(15.4%)를 과세한다.

퇴직연금을 수령하는 방법은 일시금으로 받거나 연금으로 받으면 된다. 만 55세 이상이면 10년 이상의 기간으로 연금으로 수령이 가능하고 10년으로 연금수령 시는 퇴직소득세의 30%를 감면받을 수 있다.

중학교 시절부터 자취를 하면서 월세 1만 원을 경험했다. 연탄을 때고 부엌도 없고 방은 작았으며 화장실과 수도는 공동으로 사용하였다. 대학교 때 숭의동 언덕에 월세가 3만 5천 원이었다. 두 명 정도가 누울 수 있는 공간이었다. 군대를 갔다와서는 월세 10만 원에 대학 정문 앞에서 있었다. 은행에 취업을 하고 2천만 원의 전세자금대출을 받아서 원룸을 얻었을 때가 가장 기뻤던 일이었다.

결혼하면서 하계동 주공아파트 21평에 전세 5천만 원으로 이사했다. 둘째가 태어나고 24평으로 이사했다, 전세 7천만 원이었다. 2년 후 아파트를 분양받고 31평에 입주했다. 분양대금은 2억이었다. 마지막으로 이사를 결정하고 7억대에 아파트 매입하여 이사를 하였다. 이러한 시나리오가 지금의 30대에게도 가능할까? 하지만 주택에 대한 투자와 관심이 가장 큰 고민이자 자산 형성에 중요하다. 많은 정보를 파악하고 고민하자. 기회는 누구에게나 있다

선물이나 옵션 등 전문투자자 영역에 해당하는 금융자산에 대한 투자는 신중하고 많은 공부와 경험을 통해서만이 가능하다. 최근에는 수익이나 원금상환의 가능성이 높았던 ELT나 ELS에서도 손실이 발생하여 손실에 대해 일부 보전 등이 뉴스에 나오기도 했다. 투자상품에 대한 최종 결정은 항상 본인에게 있다. 그래서 파생상품이나 장기상품에 대한 투자는 전문가의 의견을 듣고 신중하게 결정해야 한다. 최근에는 가상화폐에 대한 투자와 이를 활용한 간접상품 ETF도 출시되고 있다. 실물자산이나 금융자산보다도 그 위험이 큰 투

자에 대해서는 언제나 신중하고 자산의 극히 일부를 투자하고 전체적인 포트폴리오 구성에서 손해를 커버할 수 있어야 한다.

2.2 생활의 기술, 카드를 배웠다

지금 신용카드는 생활의 필수이자 모든 결제 시장에서 핵심이 되었다.

버스나 지하철, 택시, KTX나 SRT 등 운송수단을 이용하거나 백화점, 마트, 슈퍼, 편의점 등을 이용할 때 회원 할인이나 포인트 지급 등이 보편화되었다.

버스나 지하철 환승 서비스를 도입할 때에도 신용카드 시스템을 이용하지 않았다면 불가능했을 수도 있다. 주유소를 이용할 때 휘발유나 정유를 넣을 때 회원 멤버십 포인트 제공이나 리터당 할인을 받을 수 있는 것도 신용카드 덕분이다.

최근에 가장 성공한 앱 중에서 배달의 민족이나 요기요, 쿠팡이츠 등도 신용카드 결제 시스템의 도움이 있어서 이렇게 짧은 기간에 완벽하게 현실에 안착할 수 있었다고 생각한다. 그러나 신용카드는 온라인 시장에서 가장 발전된 결제수단이다. 기존 온라인 유통업체와 쿠팡이나 마켓컬리 등 신생업체가 시장의 선두업체로 도약하는 데에는 신용카드 결제시스템이 기본적인 인프라를 제공했기 때문이다. 신용카드 시스템이 특정 시장에 대한 진입장벽이 되었다면 그렇게 급격하게 거대 시장을 장악하고 성장하지는 못했다고 생각한다.

신용카드 회원들은 신용카드를 이용할 때마다 결제 대금 할인이나 포인트 적립으로 혜택을 본다. 이러한 신용카드 장점을 잘 활용하는 재테크도 필요하다.

마그네틱 스트라이프를 이용한 플라스틱 자재 기반의 신용카드가 국내에 도입된 것은 외환비자카드가 최초였다. 1990년대초에는 신용카드의 발급이 개인 신용평가의 기준이 되기도 했다. 그만큼 발급 기준이 높고 대상도 제한적이었다. 또한 신용카드의 사용한도는 직업이나 직위에 따라 차등되어 있었다.

1995년 은행에 입사하여 연수가 끝나고 첫 근무지 발령에 대한 사령장을 받았을 때 카드사업실로 발령이났다. 카드사업실은 한 부서였으며, 신용카드 회원은 3만 명 정도였다. 전체 직원이 파트타임 및 계약직을 포함해도 20명이 채 안 되었다. 신용카드 신규 모집은 영업점에서 은행 직원들이 직접 하였으며, 신용카드 전담 창구가 있었다. 신용카드 회원 신규모집 및 관리, 가맹점 모집 및 관리, 가맹점 매출 전표 매입 및 정산, 언체 채권관리까지도 영업점에서 담당하고 있었다. 본점에서는 기획/규정팀, 자금정산팀, 가맹점팀, 채권관리팀, 발급팀 등 부서로 나누어져 있었다. 물론 전산팀과 콜센터팀은 별도로 있었다.

발급실 직원 두세 명이 직접 신용카드를 발급하고, 발송하고, 이용대금명세서를 우편으로 발송하는 업무를 담당하던 시절이었다. 신용카드 종류도 몇 가지 없었다. 카드 등급은 골드 카드와 클래식 카드 두 가지 종류였다.

소형 발급기와 대형 발급기가 각 한 대씩 있었다. 이용대금명세서를 우편발송하기 위한 빌링 작업으로 전산부에서 데이터를 마그네틱 릴테이프로 내려주면 그것을 받아 출력 인쇄하고 우편봉투에 담아, 우체국을 통해 회원에게 발송하던 시절이었다. 신용카드 발급자재는 중요 증서로 일일 감사와 매월 감사를 통해 엄격하게 관리하였다.

지금은 신용카드 종류가 셀 수 없을 정도로 많다. 카드 등급도 최고의 프리미엄등급카드는 연회비가 수백만 원이다. 최초의 프리미엄 카드였던 플래티늄 카드가 2000년대 초부터 비자와 마스터를 통해 도입되기 시작하였다. 아멕스 프리미엄 카드가 블랙카드로 있었으나 국내에는 나중에 도입되었다. 현대카드에서 블랙카드를 도입하면서 카드디자인에 세계 최고의 디자이너 작품을 디자인으로 하고 신용카드 발급자재도 고급화해서 도입하면서 앞서갔다. 그 당시에 선진국 신용카드 시장에 대한 해외연수 기회가 있어서 방문하고 와서 잡지에 칼럼을 작성했던 기억이 난다. 한도가 무제한인 신용카드, 포르쉐 차량을 일시불로 결제할 수 있는 카드, 미국에서 유럽으로 전용기를 타고 가서 프리미어리그 축구 경기를 보고 당일 돌아오는 상품을 제안하는 신용카드 등 정말 꿈 같은 신용카드 마케팅을 이야기했던 것이 생각난다. 지금은 현실화된 이야기이다.

신용카드는 여러 가지를 이용하는 것보다는 몇 개를 집중적으로 이용하는 것이 현명하다. 본인의 월간 한도를 파악하고 본인이 결제 한도를 정해 놓고 사용하되 신용카드마다 할인서비스나 포인트 적립을 위한 월간 최소 이용금액 한도를 정해 놓았으니 이를 잘 이용한 현명한 소비가 필수이다.

각 신용카드 회사마다 카드 앱에 모든 정보를 볼 수 있도록 제공하고 있다.

오늘 본인의 신용카드 한도와 사용 실적 등에 대해 점검해보고 필요 없는 신용카드가 지갑에 있다면 당장 해지하는 것이 좋다. 신경 쓰지 않는 사이에 연회비가 결제되었다면 신용카드 해지 시 연회비 기간이 남은 비율만큼 환급해 준다.

체크카드는 2000년대 초반에 도입되었으며, 결제 계좌 잔액 한도 내에서 결제가 즉시 이루어지는 카드이다. 신용 한도가 없어 학생증카드에 활용되거나 은행에서 통장 잔액에 대한 자동화기기에서의 입출금을 위한 현금카드 대용으로 발급된다. 신용카드 위기 사태를 겪으면서 정부에서는 신용카드보다는 체크카드를 권장하기 위해서 연말정산 시 소득공제에서 신용카드와 체크카드를 차등을 두었다. 이를 통해 체크카드의 비약적인 발전과 성장이 이루어졌다.

카드 상품은 기본적인 카드 사용에 대한 다양한 서비스 장점을 개발하여 발전한 경우가 있다. 다른 한 가지는 다양한 업체와의 제휴를 통한 상품 개발이었다.

신용카드 마케팅에서 경험했던 가장 소중한 공부는 VIP 마케팅 관련이었다. 국내에서 Mass 고객에 대한 신규와 매출 증대

마케팅에 집중하고 있을 때 VIP고객에 대한 다양한 세그먼트와 고객 이용 패턴 분석을 통해서 상품 및 서비스 개발에 선두주자가 되고자 공부했던 기억이 난다. VIP 마케팅 사례를 두 가지 소개해본다. 지금은 일반적인 VIP 마케팅 사례들이지만 그 당시에는 새로운 도전이었다.

한번은 직원들과 회의를 하면서 프랑스 퐁피두 미술관 전시회가 국내에 예정되어 있고 프랑스문화원에서 추진하고 있다고 해서 직원들과 회의 후 이를 은행권에서 단독 후원하고 공동 마케팅을 추진하고자 본점 내 마케팅 담당자들과 긴급 회의를 했다. 그 당시 큰 비용의 예산이 필요했지만 VIP 마케팅을 선점해 보고자 기획안을 만들어서 보고하고 설득하여 그 행사를 단독으로 후원하게 되었다. 서울시립미술관 1층에서 VIP 고객을 초청하여 전시회 프리뷰 전시 관람과 특급호텔 디너쇼를 기획해서 성황리에 마쳤다. 고객도 매우 만족하고 정말 보람 있고 기억에 남는 행사였다. 그 이후로 서울시립미술관에 대한 규정이 생겨서 그런 제휴 행사는 다시는 할 수가 없었다. VIP고객은 아무나 가질 수 없는 차별화된 서비스를 제공하면 만족감이 높다. 비용은 두 번째 수단이다.

지금은 신용카드나 체크카드의 빅데이터 분석에서 고객에게 필요한 가장 효율적인 니즈 중에 하나가 맛집이 아닐까 한다. 2000년 중반에도 맛집은 맛집 칼럼니스트나 맛집 블로거가 주로 테마를 리드하던 시대였다. 이러한 아이디어에서 맛집 책이 서점에 한 분야로 자리 잡아가고 있었다. 그래서 맛집 블로거와 신용카드 빅데이터를 결합하여 맛집 책자를 만들어보고 고객과 함께 체험 투어를 하는 마케팅을 기획했다. 제작된 맛집 책자는 전국 3개 서점에서 판매를 하고 그 판매 수익금은 불우이웃돕기 성금으로 하며, VIP고객에게는 연말 선물로 배송하는 프로젝트였다. 6개월 세부계획을 세우고 서울 맛집 블로거 상위 10명을 섭외하여 추천 맛집 50개를 선정하고 신용카드 빅데이터를 기준으로 50개를 선정하여 체험하고 평가하여 최종 30개를 선정하고 맛집 소개에 대한 스토리텔링을 기반으로 책을 제작하는 것이었다. 음식점은 한식, 중식, 양식, 일식, 기타로 분류했다. 맛집 전문 블로거와 희망 직원을 선정하여 직접 맛집 체험 및 평가를 진행하고 관련 비용도 지불했다. 최종 데이터와 사진 자료를 정리하여 출판사에 넘기고 책 실물이 출간되고 서점에 전시되었을 때의 보람은 참 컸다. VIP고객분들께도 세상 어디에도 없는 독특한 맛집 책자를 선물할 수 있어서 좋았다. 유쾌하고 탐험적인 마케팅이 유연한 조직에서 가능했다.

2.3 세그먼트와 니즈를 연구하다

　대학에서 계량경제학을 배울 때 통계 분석을 위한 SPSS 프로그램을 이용했던 기억이 난다. 그리고 이번에 대학원 석사 과정과 박사 과정을 이어서 공부하면서 논문을 작성할 때 통계분석을 위해 SPSS 프로그램을 이용했다. 어떤 유니크한 데이터들에 대한 신뢰도 분석이나 요인분석, 상관분석, 회귀분석에 아주 유용하다. 성별, 연령, 지역, 연소득, 직업 등 일반적인 특성에 대한 평균과 분산, 표준편차 등 기본적인 데이터 분석에도 이용하기 편리하다.

    2006년쯤 국내에는 CRM 시스템이 유행을 타듯이 경쟁적으로 마케팅에 도입되기 시작했다. 선진국에서 성공하고 검증이 된 프로그램으로서 국내 산업 여러 분야에 도입되었다. 초기 도입 비용이 크고 인력 충원과 전산 개발 등 필수 요건도 많지만 여러 회사에서 경쟁적으로 도입하다 보니 은행도 예외는 아니었다. 그러나 지금 돌아보면 그 유행은 그렇게 오래가지는 않았다.

    CRM 마케팅 시스템을 도입하기로 결정된 후 각 부서마다 인력을 선정하여 파견하고 외부 회사와 한 팀이 되어 전략 개발과 마케팅, 전산개발, 변화관리 등 전반적인 추진을 하게 되었다.

    고객 분석을 가장 먼저 진행했다. 고객의 일반적인 특성인 성별, 연령, 직업, 주소 등 데이터를 표본집단과 모집단으로 분석을 진행하였다. 고객을 집단화하고 세그먼트로 분류하는 기초작업이었다. 남성과 여성, 연령은 20대, 30대, 40대, 50대, 60대 이상으로 구분하고 직업은 공무원, 회사원, 전문직, 자영업자, 주부, 학생 등으로 분류하였으며, 거주지 주소에 의한 서울, 수도권, 광역시, 지방자치도를 구분 변수로 하였다. 이러한 일반적인 특성에 대해 고객을 나누면 다음 단계로 고객 속성을 분석

할 때 유용하고 신뢰도를 높일 수 있다.

고객을 여러 개의 집단으로 구분하여 세그먼트를 만들었다면, 각각의 고객 그룹에 대한 속성을 분석하기 위하여 니즈라는 개념을 정의했다.

고객 니즈라는 특성을 정의하기 위해서 신용카드 데이터 중 가맹점별로 이용횟수와 이용금액을 데이터로 산출해서 분석해 보았다. 가맹점 업종의 종류는 국제적인 신용카드사인 VISA, Master 카드사에서 도입 초기부터 가맹점 카테고리를 정의해 놓았다. 이후 온라인 쇼핑이나 게임, PC방, 새로운 가맹점이 생기면서 추가되었다. 이러한 신용카드 가맹점별 이용 횟수와 이용 금액을 분석하여 유사한 그룹을 하나하나 정의해 가면서 고객 니즈라는 개념을 만들어 보았다.

고객의 성별, 연령, 직업, 주소 등 일반적인 특성의 고객 세그먼트와 고객의 주사용 업종에 대한 분석을 통해 고객 니즈를 정의하여 교차 분석을 해보니 보다 정교한 고객 분석이 가능해졌다. 이렇게 만들어진 고객 그룹별로 마케팅을 차별화하여 진행하고 다시 리뷰하고 재실행하면서 더 좋은 결과를 만들어가는 것이 CRM마케팅의 기본 전략이었다.

최근에는 고객을 분석하는 데이터 중 가장 강력한 것이 스마트폰 데이터 분석이다. 스마트폰에 대한 GPS 데이터를 분석하면 고객의 이동 경로가 파악된다. 시간대별로 이동한 지역을 파악하고 어느 장소에 얼마나 머물렀는지를 알 수 있다. 그러나 이러한 정보는 일반적으로 외부에서 이용할 수 없다.

스마트폰에 대한 분석은 스마트폰 사용에 대한 주사용 앱이나 인터넷 접근 사이트를 파악한다면 가능할 것이다.

그 당시에는 신용카드 주사용 가맹점에 대한 이용 횟수와 이용 금액을 월간 데이터를 기준으로 고객별로 분석하여 비슷한 특성을 가진 유형별로 묶어서 하나씩 니즈를 만들어 봤다.

주사용 업종을 기반으로 쇼핑, 미식, 생활, 문화, 교통, 통신, 병원, 여행, 해외 이용 니즈로 구분했다. 먼저 쇼핑을 살펴보면 지금은 온라인 쇼핑의 비중이 더 크게 성장했으나 그 당시에는 오프라인 쇼핑이 더 컸다. 대형 포털 사이트에서 운영하는 지마켓, 옥션, 11번가 등 온라인 쇼핑 사이트와 이마트, 롯데마트, 홈플러스 등 대형 마트와 백화점, 슈퍼, 편의점 등이 주요한 쇼핑 니즈 가맹점이었다. 쇼핑 내에서의 주사용 업종을 구분하지는 못했다. 미식 니즈는 의식주에서 식에 해당하며 한식, 중식, 일식, 양식 등 다양한 음식점 가맹점을 적용했다. 생활 니즈는 아파트 관리비, 가스비, 수도료, 수리점, 렌탈점 등의 가맹점으로 구분했다. 문화 니즈는 영화, 연극, 뮤지컬, 서점, 콘서트 등 가맹점을 적용했다. 교통 니즈는 자동차 구입이나 정비소, 버스나 지하철, 택시 이용 등을 적용했다. 통신은 최근 핸드폰 구입이나 결제 이용내역, 인터넷 이용요금, 케이블TV, OTT 결제 내역 등을 대상으로 했다. 병원은 종합병원과 의원, 한의원을 포괄하고 약국 이용도 포함하여 정의하였다. 여행은 여행사 결제 비용이나 비행기 이용 요금, 거주지 주소와 가맹점 소재지 주소지가 광역시 이상 떨어져 있으면 적용하였다. 이 부분이 아이디어 회의에서 나온 의견이었는데 재미있었다. 해외 니즈는 해외에서의 이용 가맹점이 다양하지만 이를 그냥 해외 이용을 하는 고객에 대한 하나의 니즈로만 구분하여 분석하였다.

세부적인 가맹점 카테고리에 따라 유사한 업종을 묶어서 9개의 니즈 개념을 정의하였다. 그 다음으로 개별 고객들의 월간 신용카드 이용 매출에 대한 이용 건수와 이용 금액에 대한 평균을 산출하여 통계적인 분석방법으로 유사한 특성을 가진 고객군을 그룹화하였다. 각각 그룹으로 만들어진 고객 군에 대한 성별, 연령, 지역, 직업, 직위, 소득 등 일반적인 특성에 대한 T검정이나 일원배치분산 분석을 통하여 파악했다. 두 개 그룹인 경우에는 T검정분석을 이용하고 세 개이상 그룹에 대해서는 일원배치분산 분석을 이용하였다.

고객을 알기 위한 연구에 대해 다양한 방법이 시도되어 왔다. 고객을 구분하는 항목도 새로운 항목들이 생겨나기도 하고 AI나 로봇 등에 도움을 받거나 빅데이터 등보다 강력한 툴들이 늘어나고 있다. 그러면 고객에 대한 세그먼트나 니즈를 알고 나면 그것을 어떻게 이용하게 되는 것일까? 마케팅의 기본 법칙 중의 하나인 PLAN-DO- SEE, 계획-실행-리뷰의 반복적인 검증과 개선을 통하여 최대의 결과를 만들어가는 것이 중요하다고 생각한다.

상품이나 기존 상품에 대한 고객 확대나 매출 증대를 통한 수익의 증대가 회사의 가장 최종적인 목표이다. 따라서 고객 분석이나 그루핑, 고객의 특성, 니즈 파악은 바로 이러한 마케팅에 즉시 반영되어 시행되고 그 결과를 리뷰하여 개선해 나아가는 데 목적이 가장 크다.

예를 들어, 손흥민 선수 등 국가 대표 축구경기에 VIP 고객을 초청하고 싶다. 그러면 단순히 매출이나 수익에 기여도가 높은 고객을 초청하는 방식보다는 1차적으로 선정된 고객군에서 스포츠 관련 문화 니즈나 해외 이용 니즈가 있는 고객들을 초청한다. 그러면 고객들의 만족을 높일 수 있고 고객 충성도가 올라갈 수 있다고 생각한다.

핫 이슈의 패션 브랜드 신상품 론칭 쇼에 제휴 마케팅을 추진해보고자 한다. 어떤 고객들을 초청할 것인가? 쇼핑에 니즈가 있는 고객들을 초청하되 백화점 주사용 고객이나 온라인 쇼핑 중 패션 관련 가맹점 이용 고객을 타기팅하여 진행한다면 그 효과는 보다 정확하다.

최근 서울에서 가장 많이 창업을 한 업종이 카페였다. 청년층에서도 대기업이나 중소기업에 취직하던 패턴에서 변경되어 빠르게 독립 경영을 해보고자 하는 청년층이 늘어나고 베이비부머 세대의 은퇴로 창업에 대한 도전이 늘어났다. 카페에서의 메뉴는 보통 비슷하다. 커피류나 주스류, 티 종류, 최근에는 대부분 매출 증대를 위해 쿠키나 휘낭시에, 소금빵, 도넛 등 간단한 메뉴가 추가되고 있다. 카페의 위치에 따라 주이용 고객군은 다양하다. 교통이 편리한 역세권은 정말 다양한 고객이 이용하고, 직장인이 집중되어 있는 곳은 젊은 세대가 많고, 아파트 상권 주변은 여성의 고객이 많다. 고객군에 특성에 맞는 메뉴의 개발 및 배치는 매출에 영향을 준다. 나의 고객을 알고 파악하는 다양한 방법이 있으며, 고객군에 대한 분석 데이터에는 한계가 있을 수 있으나 고객을 분석하고 특성에 따라 마케팅을 하면 그 결과는 더욱 좋아질 것이다.

2.4 금융은 연결의 공학이다

 금융 업종에서 27년을 근무하다 은퇴를 하였는데 아직도 금융은 어렵다. 하지만 금융은 가장 기본적이며 가장 생활에 밀접하다. 가장 빠르게 시장에 맞춘 상품들이 나온다. 국내는 물론이고 미국이나 유럽의 실시간 금융시장 정보가 공유되기 때문이다. 그리고 금융은 가장 어린 나이에서부터 시작한다. 부모들이 미성년자인 자녀들을 대리하여 통장을 만들어주고 적금을 들어주고 본인들보다도 먼저 부모들이 금융의 필요성을 인정하고 빠르게 시작할 수 있도록 해준다. 가입 시기와 기간이 중요한 주택청약통장은 그래서 본인보다 부모들이 가입해준 경우가 더 많을지도 모른다. 고시원, 오피스텔 등 부동산 소개앱인 고방 앱과 제휴하여 주택청약통장을 신규하면 커피쿠폰을 제공하는 제휴 마케팅을 진행해본 경험이 있다. 또한 어린이 고객을 위한 포켓몬 피카츄와 친구들 캐릭터를 통장에 디자인한 주택청약통장을 만들어서 아이들과 부모님들이 서로 가입하기도 했다. 포켓몬 스티커나 인형을 사은품으로 주는 이벤트를 하기도 했다.

금융 내부에서 보면 금융은 시스템이다. 본래의 금융 상품은 예금, 적금, 신탁, 대출, 외환 등 고유의 전산 시스템적인 구조이다. 그러나 다양한 상품이라는 마케팅 도구가 도입되면서 금융 상품도 그 안에서 개별적으로 상품화되기 시작하고 상품명을 갖게 되었다. 지금은 입출금통장을 만들러 어느 은행에 가거나 인터넷 전문은행 홈페이지를 방문해도 어떤 입출금통장 상품을 만들까 하고 생각한다. 다양한 이미지와 캐릭터로 무장하고 금리 우대나 수수료 우대를 장점으로 다양한 상품이 기다리고 있다. 적금도 마찬가지이다. 프로야구나 프로축구와 연계하여 응원하는 팀을 선택하고 해당 팀이 우승하면 보너스 금리를 주는 상품들도 있고, 팬 응원도구를 주는 상품도 있다. 10여 년 전 상품이지만, 와인적금이나 막걸리적금 등은 신선하고 재미있었다. 거기에 금리를 우대해주는 것은 덤이었다.

　은행에서 신용대출을 외부에서 영업을 통해 증대하는 방법도 다양화되었다. 대기업이나 중소기업 임직원들을 대상으로 한 집단 신용대출을 취급하며 금리를 우대하는 마케팅은 전통적인 방법 중의 하나였다. 이를 확대하여 다양한 단체와의 신용대출 제휴는 제휴 신용카드와 함께 발전하였다. 대한의사협회, 대한간호사협회, 대한간호조무사협회, 대한건축사협회, 대한세무사협회, 대한공인회계사협회, 대한물리치료사협회, 대한변호사협회 등 전문직 단체를 찾아서 제휴 제안서를 제안하고 금융상품을 복합적으로 지원하는 제휴를 추진했던 경험은 금융은 정말 다양한 방면으로 확대되고 경쟁력을 높이게 되는 계기가 되었다.

　신용카드 마케팅을 담당하던 2000년대 초기에는 국내에는 Co-Brand카드나 Affinity카드가 도입 초기 시대였다. 지금은 신용카드나 체크카드, 선불카드 등 주력 상품 중에도 제휴카드가 많다. 제휴카드란 신용카드 발급회사인 카드사와 일반회사나 단체가 제휴하여 서로 이익이 될 수 있는 서비스를 만들어서 신용카드 신상품을 출시하는 경우를 말한다. 신용카드 시장이 폭발적으로 성장하는 시기에는 경쟁이 정말 치열했다. 한 사람이 열몇 장의 카드를 신규하는 경우도 많았다. 그러나 그러한 시간은 그렇게 오래가지는 못했다. 신용카드 시장이 짧은 시간에 크게 성장한 배경에는 신용카드 소득공제효과도 적지는 않았다고 본다. 제휴카드 초기에는 신용카드 디자인에 매우 소구되는 특징이 있었다. 단일한 색깔이나 단일 디자인으로 발급하던 시대에서 빨간색이나 보라색, 파란색 등 눈에 확 띄는 다양한 색깔의 카드를 만들어서 고객을 매력적으로 유혹하기도 했다. 강아지 모양이나 자동차 모양의 카드가 만들어지기도 했다. 당시에는 지금처럼 카드 디자인이나 자재가 고도화되지 않았지만 고객들에게 호기심과 흥미를 유발하기에는 충분했다.

본인이 원하는 사진을 신용카드에 인쇄하여 디자인하는 포토 신용카드도 출시되었다. 또한, 카드 자재에 특화하여 스틸이나 플래티늄 재질 등으로 만들어진 신용카드가 출시되기도 했다. 또한, 신용카드 등급은 일반, 클래식 등급에서 골드, 플래티늄, 프리미엄카드로 확대되었다. 연회비도 2~3천 원대에서 5천 원, 1만 원, 5만 원, 10만 원, 20만 원, 30만 원, 50만 원, 100만 원, 200만 원 등 다양하게 차등화하여 발급하기 시작했다. 신용카드 시장이 성장하면서 상품과 서비스도 최첨단으로 발전하였으며, 결제 수단이었던 카드는 이제는 모든 매체의 연결고리로 성장하게 되었다. 정부 정책에서도 신용카드 정책은 항상 중요한 국민 소비경제의 적정한 성장을 위한 최우선 검토 대상 중의 하나였다.

PC의 인터넷에서 스마트폰으로 환경이 급변하면서 모든 회사들이 자사의 앱 가입 고객을 선점하여 확대하는 마케팅이 대세를 이루고 경쟁이 치열한 적이 있다. 지마켓, 옥션, 11번가 등의 인터넷 대형 쇼핑업체들이 가장 먼저 치열하게 새로운 스마트폰 앱시장에 도전을 시작했다. 쿠팡이 성장하고 미국에 주식상장하기까지는 스마트폰으로의 전환이 큰 기회였다고 생각한다. 그 틈새를 신규 중소형 업체들이 스마트폰 앱을 통하여 새롭게 시장에 도전하면서 성장했다.

금융 회사들도 빠르게 인터넷뱅킹에서 스마트폰뱅킹으로의 시장 전환이 전개되었다. 또한 고객 멤버십을 위한 앱도 서둘러 출시하고 회원 유치 경쟁이 치열했다. 앱 고객 한 명을 유치하기 위한 마케팅 비용은 다양한 방법으로 활용되었다. 초기에는 앱을 신규가입하면 커피 쿠폰을 증정하는 제휴 마케팅이 유행하였다. 스타벅스, 커피빈, 이디야, 투썸플레이스, 메가커피, 컴포즈커피, 빽다방 등 모든 커피 프랜차이즈와의 제휴를 추진했었다. 햄버거 프랜차이즈 대표인 롯데리아, 버거킹, 맥도날드, KFC, 맘스터치 등과 제휴하여 앱 신규 가입 시 햄버거나 음료, 디저트 메뉴를 제공하기도 했다. 제휴사와 금융사는 각각 매출과 회원 증대의 목적으로 제휴 마케팅을 통해 서로 윈윈하는 마케팅에 적극적이었다. 로봇 태권브이 박물관과의 제휴도 직접 찾아가서 제안하고 입장료를 할인해주는 제휴를 통해 앱 회원을 늘렸던 경험이 있다. 아기공룡둘리뮤지엄도 찾아가서 제안했지만 성공하지 못해 아쉬웠던 기억도 있다. 서울랜드와의 제휴를 추진했던 경험도 앱 마케팅이 아니면 금융회사와의 제휴 마케팅은 없었을 것이다. 대한막걸리협회를 찾아 방문하여 사무국장님과 협의하여 가평 자라섬에서 열리는 막걸리축제한마당에서 앱 신규 제휴 마케팅을 추진했던 재미있는 기억도 있다. 2박 3일 기간이었지만 약 1천 명의 신규 제휴회원 유치가 있었다. 수도권의 대표적인 유원지인, 연간 8백만 명이 방문한다는 남이섬과 연간 3백만 명 이상이 방문한다는 아침고요수목원을 찾아서 입장료 우대를 통한 앱 신규회원 유치를 추진했던 마케팅은 양사의 목표가 맞지 않았다면 불가능했을 것이다.

주한영국문화원과의 제휴를 통하여 어학원 이용료를 카드로 결제 시 할인 서비스를 제공하기로 했다. 이를 위해 제휴카드를 영국 국기 디자인으로 만들기 위해 영국대사관의 협조를 얻어 본국의 승인을 통해 제휴카드를 만들었던 기억은 평생 잊을 수 없을 것이다.

부동산 관련 앱들이 신생업체로 활기차게 시작될 때 호갱노노, 네모, 집닥, 고방 등과의 제휴를 위해 자주 미팅을 했다. 국내 4대 금융그룹 은행에서 볼 때는 오피스텔 사무실에서 직원 몇십 명 이내의 신생업체들은 시장에 강한 도전자였다. 지금은 대부분이 잘 자리를 잡고 대형 업체에 인수되거나 매각하기도 했지만 전국적으로 영업을 하거나 스마트폰 앱 마케팅을 통한 시장에 안정적으로 자리 잡아가고 있다고 본다.

　　전국 의과대학을 찾아서 본과 3학년을 대상으로 한 신용대출 섭외 마케팅은 특화된 몇 명만이 경험했던 소중한 마케팅 경험이었다. 강당이나 교실에서의 상품 설명과 스마트폰을 통한 신규 회원 유치는 대단한 경험이었다. 로스쿨 합격생이나 변호사 시험 합격생, 공인회계사, 세무사, 노무사, 건축사 등 전문직 합격자에 대한 단체 신용대출은 키맨 섭외를 통한 마케팅 제휴가 핵심이었다. 국가고시 시험에 대한 일정 및 발표 일정을 파악하고 단체 키맨과의 제휴로 합격자 제휴 마케팅을 특정 장소에서 시행하여 원원하는 마케팅을 했다.

포켓몬 카드를 들고 피카츄, 꼬부기,
파이리, 이상해씨를 떠올려본다.
(주사용카드 모음, 하나카드)

2.5 작은 은행을 경영하며 배웠다

　은행의 지점은 작은 은행이라고 생각한다. 처음 지점장을 맡게 되었을 때 직원이 지점장까지 총 9명이었다. 예적금 등 수신계가 3명으로 책임자 두 명과 행원 한 명, 기업대출과 가계대출을 담당하는 대부계가 3명, 책임자 두 명과 행원 한 명이었다. VIP고객을 담당하는 VIP실은 PB부장 한 명과 행원 한 명이 있었다. 객장의 안내와 안전을 위한 청경이 한 명 있었다. 이렇게 작은 지점도 은행 업무 전반적인 마케팅에 참여하여야 한다. 찾아오는 고객 응대만으로는 경쟁력을 확보할 수 없고 정기적인 영업점 경영평가에서 불리할 수밖에 없다.

3천 세대가 넘는 대형 아파트 단지 내에 위치한 지점은 주요 고객이 아파트 입주민이었으며 외부 고객은 거래하기가 한계가 있었다. 강남의 대형 단지 아파트는 출입 통제가 엄격하여 외부 고객이 단지 내에 출입이 불편하고 지점이 위치한 장소를 찾아서 주차를 하기도 어려웠다. 이러한 점주 환경은 아파트가 입주하는 시기에는 지점도 폭풍 성장하지만 단지가 안정화되면 고객 이탈은 많고 고객 증대는 어렵고, 외부 섭외 고객은 단기간에 머무는 경우가 많다. VIP고객의 잠재적인 힘으로 지점은 유지되고 버티지만 한계가 있다. 지점은 백화점과 같이 다양한 상품을 마케팅하여야 하고 그만큼 고객도 다양해야 한다. 한계가 있는 점주 때문에 외부 원거리 고객을 마케팅하면 단기에는 효과가 있으나 고객도 불편하고 지점도 힘들고 직원들도 힘들다. 지점장이 발령나면 고객들도 이탈한다. 신상품 마케팅이 시행되면 타깃 고객 부족으로 단기 마케팅은 더욱 힘들다.

새로운 시장을 개척하는 것은 지점장의 가장 큰 역할이자 책임이다. 시장 전체에서 앱 마케팅이 한창이던 시절에는 다양한 업체와의 제휴를 통한 앱 가입과 앱 신규고객을 대상으로 비대면 상품 신규 추천을 통해 성과를 만들어 본다.

스마트폰에 익숙한 고객들은 점차 대면 채널이 오히려 불편하고 지점 방문에 시간이 오래 걸리는 것을 싫어한다. 스마트브랜치나 마이브랜치 등 스마트폰을 이용한 앱 마케팅은 더 빠른 마케팅 방법으로 바꾸면서 경쟁자들보다 앞서간다. 금융상품은 실체가 있다기보다는 사이버 온라인상에서 이루어진다.

직원들이 출근하기 두 시간 전에 지점에 들러 준비한 자료를 가지고 강남 고속버스터미널에서 우등버스를 타고 진주에 있는 경상국립대 의대를 방문했던 일이나 전주 전북대학교 의대, 익산 원광대학교 한의대를 방문하여 상품 설명회와 비대면 마케팅을 시행하여 많은 잠재 VIP고객을 확보했던 경험은 20여 년 동안 해오던 본점 마케팅에서 현장 마케팅으로의 도전이었다. 직접 한 명 한 명의 신규 고객을 만나고 상품을 설명하고 스스로 비대면으로 상품을 신규하여 일대일 대면 마케팅에 대한 경험을 쌓아갈 수 있었다.

작은 지점이었지만 새로 전입 오는 직원이 있으면 전 직원들이 모여서 환영을 해주었다. 지점장인 나는 주로 꽃다발을 준비하였다. 고속버스터미널 꽃 도매상가에 가서 싱싱한 꽃으로 꽃다발을 주문하여 직접 전달해주었다. 케이크와 다과를 준비하여 전 직원들이 모여 환영의 박수와 덕담을 나누었다. 전입을 온 후 몇 달 만에 직장을 그만두는 직원도 있었다. 퇴직이라는 큰 결심을 한 직원에 대한 마음을 헤아리고 전 직원들이 정성을 다해 퇴직 기념 선물도 준비하여 환송회도 해주었다. 명함 크기 순금 기념패를 선물하니 받는 사람도 감동했다. 직원 한 명이 비고 충원이 이루어지지 않아 전 직원들이 고생을 한 적이 있다. 업무도 업무지만 점심 교대나 휴가 등 사적인 일정들이 모두 힘들어진다. 한 명이 휴가를 가면 두 명이 비어 있는 상태였다. 두 달 만인가 직원이 충원되었는데 정말 훌륭한 직원이 발령나서 지점이 전화위복이 되었다. 영업점 분위기도 좋아지고 성과도 좋아지고 서로가 도움을 준다.

 직원들과의 단합과 추억을 위해서는 다양한 이벤트를 한다. 한 가지는 단체티를 맞추어입고 단체 기념사진을 사진관에서 찍는다. 서로 쑥스러워하지만 의외로 화합에 좋다. 평범한 가정의 날인 수요일에 한 번은 단체로 〈알라딘〉 영화를 관람하고, 호프데이를 했다. 영화에 대한 각각의 호불호가 있어서 영화 선정이 어렵지만 젊은 직원들에게 양보한다면 무난하다. 연말에는 단체로 뮤지컬을 보는 것도 좋은데, 행사 비용을 미리미리 적립해 놓아야 가능하다. 국내 특급 호텔인 신라호텔이나 롯데호텔, 워커힐호텔, 인터컨티넨탈호텔 저녁 뷔페를 즐기는 이벤트도 대부분은 만족했다. 직원이 10명 이내라면 차량 3대 정도면 다 함께 이동이 가능하다. 청계산 산행 후 산채 정식과 막걸리 파티도 좋고, 행주산성 국수집이나 맛집을 들러도 좋다. 서울의 동쪽이라면 구리시 미음나루 맛집 투어와 한강변 산책하는 시간도 즐겁다. 가평에 아침고요수목원이나 쁘띠프랑스, 남이섬도 좋다. 서울 양양 고속도로 설악IC에서 10분 이내 거리인 더스테이힐링 파크도 저녁 타임에 방문할 수 있는 명소 중에 하나이다. 맛있는 음식과 커피와 빵을 맛볼 수 있다. 직원들과 추억의 사진을 남기는 것은 덤이다.

인플루언서인 노희영 대표의 저서 『노희영의 브랜딩 법칙』 20권을 개인적으로 사서 작가님을 직접 모셨다. 직원 한 명 한 명 친필 사인과 책 전달을 해 주었던 이벤트도 잊을 수 없는 경험이었다. 작가님께서 직원들에게 도시락 선물을 주셔서 다 같이 함께 먹었던 기억이 난다.

기업 경영의 목적은 다양하다. 매출액이나 이익의 증대가 최우선일 수도 있다. 최근에는 사회 공익적인 부분이 강조되기도 한다. 종업원들의 복리후생도 중요하다. 작은 조직이지만 지점 경영은 그러한 차원에서 하나의 경영 경험이다.

2.6 재산이 늘어가는 간접 경험을 하다

처음 직장에 취업을 했던 1990년대 중반에는 종합금융회사, 리스회사 등이 최고의 연봉을 자랑하던 시절이었다. 은행, 증권, 보험 등 금융 회사들도 일반 대기업보다는 초봉이 높았다. 공무원이나 공기업 등은 직업의 안정성과 은퇴 후 연금 때문에 상대적으로 낮은 초봉임에도 경쟁은 치열했다. 후발은행에서 시작한 직장 생활로 월세 10만 원의 단칸방에서 살던 서울 생활에서 취업 1년 만에 전세보증금 2천만 원을 지원받아 원룸으로 이사를 했다. 3년 후 결혼 시기에는 5천만 원의 임차보증금 지원을 받아 21평 아파트에서 신혼살림을 시작하고 첫째가 태어났다. 둘째가 태어날 때에는 임차보증금을 반납하고 전세 7천만 원으로 23평으로 이사를 했다. 2년의 전세 기간이 만기가 되었을 때 대출을 반 이상 받고 31평 신규 아파트 분양에 입주했다. 서울의 가장 외곽이었지만 그 기쁨은 컸다. 출퇴근 시간이 1시간 20분 정도 소요되었지만 마음만은 최고였다. 첫째가 중학교 입학을 앞두던 시기 40대 중반에 큰 결심을 하고 서울의 중심으로 이사를 했다. 아파트 가격이 폭등하기 직전이었다는 것은 참 다행이었다. 은퇴를 하고 보니 더욱 그렇다. 그 당시에 이사를 하지 않았다면 중심지로의 이사는 불가능했을 것 같다. 은퇴 후에 생활이 어려워 다시 외곽으로 이사를 가는 사람들도 많다. 그 대안이 필요하여 40대 후반에는 수익형 부동산에 관심을 갖고 발품을 팔고 전문가의 조언도 듣고 무엇보다 실행이 가장 중요하다. 실패도 경험한다.

　　20대의 몇 년이나 결혼과 출산 등 인생 이벤트가 많은 30대까지는 큰 자금을 모으기는 어렵다. 그렇지만 이 시기에는 적금을 활용하여 꾸준히 매년 정기적인 목돈을 만들어가는 것이 중요하다. 또한 장기 상품인 개인연금이나 10년 이상의 보험 상품을 활용한 목돈을 만들고 그 자금의 복리효과를 만들기 시작해야 한다. 또한, 마이너스통장을 적극적으로 활용하여 일시적인 자금의 소요에도 대응해야 한다. 목돈이 필요할 때마다 그동안 모아가고 있던 적금이나 다른 상품을 중도해지해야 한다면 이자의 손해가 크다.

또한, 이 시기에는 무리한 대출의 활용은 주식이나 투기적인 상품에 현혹되면 그 손실을 만회하는 데에는 상당한 시간이 필요하다. 그 과정에서 가족 간에 갈등과 분쟁이 생기기도 하니 이는 너무나 큰 손해가 된다.

40대쯤에는 투자에 대해 고민하게 된다. 가정도 안정화되고 은퇴 후에 생활을 위한 고민도 시작하게 된다. 수익형 부동산인 상가나 오피스텔, 생활형 숙박시설 등에 대해 관심도 갖고, 자택을 소유하지 않은 사람들은 자택에 대한 구매 마음이 커진다. 또한, 다양한 부동산에 대해 공부를 하게되고 경매나 공매 등에도 관심을 갖게 된다. 부동산 매매 시 대출을 활용한 레버리지 효과와 주택구입자금대출에 대한 이자납부 등 연말정산 시 절세 등도 고민하게 된다.

또한, 서울이나 지방이나 거주지를 중심으로 한 토지의 구매를 추천한다. 경제학에서의 지대이론를 따르지 않더라도 중심지의 토지는 매년 가격이 상승해왔다. 부동산에 대지 지분을 세심히 살펴보아야 한다. 나대지라면 좋지만 그 평가는 더 어렵다. 개발부담비용까지 감안한다면 더욱 그렇다. 수도권의 토지 개발이나 도로 개설 정보를 바탕으로 한 전, 답, 임야 등의 구입도 검토해보면 좋다. 맹지이거나 인구가 급격히 감소하는 지역이나 서울이나 수도권, 도심 접근성이 낮은 지역은 피해야 한다.

50대에는 은퇴를 준비하는 시기이다 보니 공격적인 투자보다는 지금까지의 자산에 대한 전반적인 리뷰와 포트폴리오를 재구성하는 등 고민이 필요하다.

금융상품에 대한 투자수익율 점검, 은행의 자산관리전문가 상담 등이 필요하다. 기 투자한 부동산이나 금융상품에 대한 리밸런싱이 필요한 시기이다.

23평 아파트 전세를 살 때 마을버스 정류장에서 20미터쯤 떨어져 있던 1층의 단독주택을 보면서 이 지역에 투자는 생각도 못했다. 몇 년 후 그 자리에 오피스텔을 지어 100% 분양 성공하는 것을 보고는 기회는 가까운 곳에 있을 수도 있다고 생각해봤다.

서울과 인접한 수도권 도시에서는 전, 답, 임야에 창고를 지어 임대하는 분들도 많이 봤다. 은행에서 대출을 50% 이상 받아서 창고를 짓고 임대료를 받아서 이자를 내고도 수익이 났다. 한참 후에 신도시지역으로 편입되면서 주택지로 토지 수용이 되어 몇 배의 이익을 본 분들은 은퇴 자금에 여유를 갖게 된다.

경매로 포도재배 과수원을 낙찰받아서 은퇴 후에 과수원을 해 보고자 했던 선배도 은퇴 시점이 되어 그 지역이 개발지역으로 포함되면서 은퇴로부터 자유를 얻었다는 소식을 들었다.

실패 사례로는 재건축이나 재개발을 목표로 빌라를 전세를 끼고 갭투자로 구매하였다가 최근의 전세 사기 등 뉴스와 빌라 전세 가격의 하락으로 목돈을 들여 전세 보증금을 일부 돌려주고 나서나 빌라 재임대를 위해 리모델링 비용으로 몇백만 원의 인테리어 자금을 쓰거나 누수 등 현지 주민의 민원으로 비용이 추가되기도 했다. 수도권 중 잘 모르는 지역에 투자했다가 현지 주민들과의 민원으로 토지 매매도 어렵고 개발도 어려워진 경우도 봤다. 다른 사람들의 실패 경험도 잘 살펴보고 투자하는 것이 중요하다.

인생 2막을 살다

제2장 요약: 평생 은행에서 배운 금융 경험들

1. 금융의 본질: 단리가 아닌 복리

20대엔 저축 습관 형성, 복리 이자의 중요성 인식
30~40대는 레버리지 활용으로 부동산 및 대출 전략
IRP(개인형 퇴직연금), 연금저축은 노후 준비 핵심
투자 원칙: 정보 기반, 과도한 레버리지와 무분별한 투자는 금물

2. 카드의 힘과 마케팅

신용카드의 발전과 결제 인프라의 확산
VIP 마케팅 사례: 미술관 전시회, 맛집 책자 발간 등
포인트, 할인 등 혜택 활용과 카드 정리로 합리적 소비 실천

3. 데이터로 고객을 이해하다

CRM 도입과 고객 세그먼트 분류

소비 패턴 기반 '니즈' 도출 (쇼핑, 미식, 문화 등 9대 카테고리)

데이터 분석을 통한 정밀 마케팅 실현

4. 금융은 연결의 공학

금융은 상품+시스템+마케팅의 복합 구조

제휴 마케팅 사례: 앱 가입 유치, 포켓몬 통장, 커피 쿠폰 등

소규모 지점 운영 경험으로 본 조직문화와 고객 중심 마케팅

5. 간접 경험으로 자산을 늘리다

경험 기반 부동산 투자 및 절세 전략

연령대별 자산 운영 전략:

20대: 저축, 소득공제, 보험, 청약

30~40대: 주택·수익형 부동산·레버리지

50대: 포트폴리오 조정, 안정성 중심

실패 사례도 학습 자산: 현지 분석 없는 갭투자 위험

최고의 경쟁력, 학위
- 드디어 경영학 박사 되다

마라톤의 출발점에 섰을 때의 그 기분으로
골인지점을 들어왔을 때의 기쁨으로
박사 학위를 받다.(2025년 첫 마라톤 참가, 10km)

3.1 미시경제와 경제수학이 제일 좋았다

 누구나 대학을 입학할 때 전공을 선택하게 된다. 그런데 여기에는 여러 가지 변수가 많다. 가장 중요한 본인의 의견도 있지만 부모님의 생각, 담임 선생님의 의견, 친구들 생각도 있다. 그래도 인생에서 돌아보면 참 소중한 고민이었다. 전공의 결정은 인생에서 정말 중요한 결정이었다. 왜냐하면 대부분 직업을 선택하는 기준이 되기 때문이다. 문과나 이과를 결정하는 것은 둘 중의 하나를 선택하니 그나마 쉽다. 그러나 대학 전공은 선택하기 쉽지 않다. 그 시대에 따라 신설학과와 전공이 계속 늘어나기도 하고 유행하거나 인기가 높은 전공을 선택하는 경우도 많고 법학이나 의학 등 전문직 전공이나 인문학이나 예체능 등 전통학과를 선택하는 경우도 그 이유는 다 다르다.

경제학과를 선택했던 이유는 개인적으로는 취업 등 경제적인 문제 해결을 위하면서도 경영학, 회계학 등보다는 순수학문인 경제학에 관심이 많았기 때문이었다. 나중에 과 동기들에게도 물어보니 비슷한 이유가 생각보다 많았다.

시골에서 공부한 친구들이 많아서 그랬는지도 모르겠다. 암튼 대학에서의 공부는 고등학교 때와는 많이 다른 방식이었다. 매우 분량이 많았던 전공서적과 원어서적, 교양 과목 등 대부분 과목은 한 학기에 한 권씩의 책을 공부했다.

경제학과를 선택하면 전공필수와 전공선택으로 많은 과목을 배우는데, 1학년 1학기 때에 경제학원론을 배우고 다음 학기부터는 미시경제와 거시경제로 나누어 과목을 배웠다. 지금 생각해보면 수많은 그래프와 공식과 법칙들이 떠오른다. 경제학이 수학적인 분석에 기초한 공학의 한 종류가 아닐까하고 생각해봤다. 경제수학 과목은 원어 교재를 병행해서 배웠던 기억이 난다. 그래서 사실 더 어렵고 고등학교에서 배웠던 수학하고는 개념이 조금 다르게 생각되었다.

하지만 학문적인 관점에서는 이론적인 가설을 수학적인 근거와 해법으로 검증한다는 사실에 관심도 많고 집중하려고 했었다.

그 외 과목들도 많지만 노동경제학 관련이나 국제경제학 관련 과목들도 수학적인 계산이나 해석이 많이 이용되었다. 그래프나 공식 등을 이해하기도 하고 외우기도 하고 그렇게 경제학을 전공해 갔다.

대학을 졸업하기 전에 취업 시험을 볼 때 전공과목도 시험을 봤다. 금융권을 취업 대상으로 해서 전공과 상식 등 취업시험을 준비하느라 도서관에서 씨름했던 기억이 새롭다. 고등학교 때까지 배운 과목들이 대학에 오면 가볍게 생각되고 직장에 취업을 하면 직장 업무를 배우고 익히다 보면 어느새 대학때 공부했던 내용은 기억 저편으로 점점 사라진다. 항상 마음은 안 그렇지만 말이다.

실 생활에서 경제현황이나 경제지표, 변화는 늘 관심 대상이다. 그러나 각 지표들간에 상관관계나 미래 예측 등 전문적인 분야는 관련 자료를 찾아보면 된다. 많은 경제연구소나 한국은행, 통계청 등 전문기관의 자료를 보면 된다.

대학을 졸업하고 직장에 취업한 지 15년이 지난 어느 날 부장님 추천으로 연세대학교 상남경영원에서 단기 과정으로 AMSP23기 마케팅 과정을 공부했다. 직장에 취업한 이후로는 금융상품 판매를 위한 자격증 취득 공부와 금융연수원 등에서 공부를 했는데, 다시 학교로 돌아가서 공부를 하니 무척이나 관심도 높고 재미도 있었다. 다양한 직업을 가진 학생들과의 수업과 토론도 공부에 대한 관심과 열의를 주었다. 일과 업무를 마치고 오후 7시에서 11시까지의 수업이었지만 많은 것을 배우는 계기가 되었다. 학술적인 내용과 현장 경험과의 접목은 오랫동안 머릿속에 있었던 경제학이나 경영학에 대한 공부 의욕을 잠시 되살렸다.

경제학 전공의 학사학위는 대학원 진학과 석사 학위, 박사 학위를 받고 대학 교수가 된 친구들을 볼 때마다 언젠가는 나도 도전해야지 하고 생각했다.

하지만 직장에서 직위가 올라가면서 그러한 생각을 할 시간과 여유도 점점 없어졌다. 하루하루가 바쁘고 해야 할 일들은 항상 쌓여 있었다.

3.2 석사는 박사를 위한 시작이다

 2018년 12월 겨울이 다가오던 그때 마포 서서갈비집에서 대학원 입학 전에 교수님들과 선배님들과 오리엔테이션이 있었다. 인생에서 언젠가 해야 할 숙제 같았던 대학원 공부와 박사 학위 도전을 위해서는 석사 학위 취득이 가장 먼저였다. 2019년 3월 서울벤처대학원대학교 석사 과정에 입학을 하고 주말마다 대학원에서 수업을 듣게 되었다. 대학원 수업료를 내고 수강 신청을 하면서 점점 기분이 좋아졌다. 연세대학교 상남경영원 마케팅 과정을 수료하고 또 10년의 시간이 흘러 대학원에 입학을 했다. 대학원 학생증이 발급되고 전공 필수와 전공 선택 과목, 교양 과목을 수업하면서 직장을 다니면서 배우는 산학 경험을 시작했다. 통계분석 프로그램인 SPSS를 활용한 빈도분석, 요인분석, 신뢰도분석, 상관분석, 다중회귀분석, 매개효과분석, 조절효과분석, 독립표본 T검정, 일원배치분산 분석 등을 배우게 되었다. 석사 논문, 박사 논문을 위한 통계적인 가설 검증 방법들이었다.

현업에서의 책임감이 강해지고 영업 목표에 대한 달성 의욕이 커지면서 직장과 학업을 동시에 한다는 것은 많은 갈등과 시간의 싸움이었다. 대학교 때와 같이 1학년은 정말 시간이 빨리 간다. 입학식하고 조금 있으면 중간고사 시험이다. 중간고사가 끝나고 워크숍, 단합대회, 등산 등 한두 번 갔다 오면 기말고사 시험이다. 기말고사가 끝나면 잠시 직장에 더욱 집중해야 할 시간이다.

석사 학위 과정은 보통 2년의 대학원 과정이다. 정규대학교의 대학원과 전문대학원대학교 과정이 있다. 선배들에게 많은 조언을 들어보고 직장과 학업을 동시에 하려면 정규대학교 대학원에서 젊은 친구들과 경쟁하기보다는 전문대학원에서 공부하는 것이 유리할 것 같다고 하였다. 주중에 두 번 정도 직장 일과 후에 밤 10시 정도까지 공부하는 과정은 직장에서의 변수가 많은 경우에는 어려움이 있다고 했다. 대학원 수업은 필수 출석일수가 있고, 해외 출입국 기록과도 출석일자를 대조하여 검증하는 감사를 받는다고 한다. 그래서 나는 서울벤처대학원대학교를 선택했다. 대학원에 대한 교통 접근성도 가장 중요한 사항이다. 국내 유명 대학교 대학원들은 본교들과 같이 있다 보니 출퇴근 시간에 대중교통이나 자가용 이용도 불편한 경우도 많다.

석사 과정은 대부분의 대학원에서 학점과정으로 석사 학위를 수여하는 경우가 있고, 정규 석사 논문을 심사 통과하여 석사 학위를 받는 경우의 두 가지가 있다.

두 가지 경우 모두 석사 학위를 취득하므로, 박사 학위를 취득하고자 박사 과정 대학원 입학이 가능하다. 지금은 학술연구정보서비스(Research Information Sharing Service, RISS)를 통해 연평균 20만 명 이상, 일 평균 8만 명 이상이 학술연구자료로서 국내 석박사 학위논문이나 국내 학술지논문, 해외 전자저널 등 자료를 조회, 복사, 대출이 활용 가능하다.

석사 과정 1학년 2학기 기말고사를 마치고 겨울 방학에 들어갈 때에는 석사 논문을 위한 논문 연구 모형이나 가설에 대해 예비조사를 시작해야 한다.

가장 중요하고 제일 먼저 해야 할 일은 지도 교수님과의 충분한 상담을 통해 논문 주제를 정하는 것이다. 본인의 공부 경험이나 직장 업력 등을 논문 주제로 선정하면 가설 설정과 검증에 도움이 된다. 연구 결과가 최종적으로 현업에 도움이 된다면 해당 논문의 가치는 더욱 높다고 볼 수 있다.

2021년 최종적으로 RISS에 등록된 석사 논문의 제목은 "F-Score를 이용한 종목 선정과 위험균형 포트폴리오를 통한 누적수익율 예측 연구"였다. 금융업에 25년을 근무해오면서 수많은 기업들에 대한 재무평가나 심사를 진행했다. 이러한 경험을 바탕으로 학술적인 F-Score를 이용한 기업의 선정과 이를 재무적인 수치를 통해 시계열적인 분석을 근거로 포토폴리오 전략과 누적 수익률 예측을 연구해보았다. 코로나19 시기였으므로 관심업종인 의약품 업종 기업을 대상으로 연구했다. 세 번의 학위논문 심사를 거쳐 최종 합격을 하고 석사 학위를 받았을 때 그 기쁨은 정말 오랜만에 감동이었다. 나 자신에게 고마웠다.

물론 지도 교수님과 석사 과정 동기들에게도 서로 도와주고 이끌어주심에 다시 한번 감사드리고 싶다. 호랑이는 죽어서 가죽을 남기고 사람은 죽어서 이름을 남긴다고 하는데 학위논문을 작성하면 이름을 남길 수 있다. 한국교육학술정보원에서 운영하는 학술연구정보서비스(RISS, Resarch Information Sharing Service)에서 논문이 이름으로 검색이 가능하다. 석사 학위를 받고 나서 직장에서 학위 수당을 추가로 받게 되는 경우도 많다. 학위 수당은 회사마다 금액이 다르지만 이 경우 재정적으로도 도움이 된다.

[참고 학위논문]
「F-Score를 이용한 종목선정과 위험균형 포트폴리오를 통한 누적 수익율 예측 연구」, 김천욱, 서울벤처대학원대학교, 2021, 국내석사
- 학술연구정보서비스(https://www.riss.kr)

3.3 두 번의 도전으로 학술지에 게재되다

　박사 과정에 입학하고 나면 석사 과정과 다른 몇 가지가 있다. 그중에서 전공필수과목이나 전공선택 등 필수 이수 과목이 늘어난다. 또한 석사 과정은 2년이나 박사 과정은 3년이다. 전공에 대한 종합 시험에 합격해야 하고 일반영어와 전공영어 시험에도 합격해야 한다. 그러나 준비만 성실히 한다면 모두 합격할 수 있다. 학습과정은 과목이나 시간에 변화가 있지만 석사 과정을 경험했으므로 적응이 생각보다 쉽다. 박사 과정에 추가된 과정 중 학술지 논문 게재가 필수이다. 예비 논문이라고도 할 수 있고 정식 논문이라기보다는 핵심 요약 논문과 비슷하다. 학술지는 다양한 학술기관에서 주기적으로 발행한다. 월간으로 발행하거나 분기별로 발행하거나 반기별로 발행하거나 다양하다.

학술지 논문을 작성하여 게재하는 시기는 박사 과정 2학년 2학기 정도가 좋다. 3학년이 되면 박사 논문에 집중해야 하는 시기이다 보니 이중으로 신경 쓰기에 어려움이 있을 수 있고 시간에 쫓기다 보면 박사 논문에 집중하기 어렵다. 내가 겪었던 실제 학술지 논문 작성 경험에서 꼭 전해주고 싶은 조언이다.

석사 학위 논문을 등재했던 경우라면 석사 학위 논문 내용을 학술지 논문에 맞추어 주제를 일부 수정하여 학술지 논문을 작성해도 된다. 어느 학술 기관의 학술지에 논문을 기고하고 심사를 통과하여 게재가 가능할지를 알아보고 정하는 과정이 가장 중요하고 신속하게 처리해야 한다.

서울벤처대학원대학교에 재학 중이다 보니 사단법인 한국벤처혁신학회에서 발행하는 벤처혁신연구 학술지에 게재하기로 했다. 늦었지만 3학년 1학기 말 이전까지는 등재하는 것을 목표로 했다. 석사 학위 논문이 연구 논문이다 보니 학술지 논문은 박사 학위 논문을 염두해두고 설문 조사를 통한 통계분석 가설 검증 논문으로 작성하기로 결정했다. 논문 주제와 연구 모형, 가설 검증을 위한 설문항을 참고 논문을 조사하여 완성하고 설문지 201부를 분석했다.

설문 결과를 데이터로 통계 분석을 통해 조사 대상자의 일반적 특성, 측정 도구의 탐색적 요인 분석과 신뢰도 분석, 상관관계 분석, 가설 검증을 위한 회귀분석과 매개효과 분석을 진행하였다. SPSS 20.0 프로그램을 활용하여 통계분석하였다. 학술지 논문의 통계분석과 가설에 대한 검증이 완료되면 학술지 논문 초안을 완성해야 한다. 학술지 논문의 초안이 완성되면 지도 교수님과 충분히 연구 결과에 대해 충분히 의견을 나누고 결과에 대한 정리를 완성한다. 이제는 해당 학술기관에 학술지 논문을 심사 신청하고 심사 결과를 대기하여야 한다.

학술지 논문의 심사 과정은 예상보다 조심스럽다. 이메일로 학술지 논문을 접수하고 나면 심사 교수님이 선정되고 심사기간 동안 시험 결과를 기다리듯 기다려야 한다. 보통 2주 정도 소요되면 1차 심사 결과를 통보받는다. 게재 불가이면 학술지 논문을 처음부터 다시 작성해야 한다. 최악의 결과이다. 수정 후 게재가 가장 많다. 논문의 일부 내용을 수정해서 재심사를 의뢰한다. 다행히 '게재가'가 한 번에 나오면 합격이다. 수정 후 게재를 받고 다시 학술지 논문을 수정하여 심사 요청하여 게재가 통보를 받았다. 이때 기분이 정말 좋다.

학술지가 발행되면 학회에서는 학술지 논문이 게재된 학술지를 10부 정도 보내준다. 지도 교수님과 지인분들에게 학술지를 선물하니 기분이 좋다. 아래 참고 학술지 논문은 학술연구정보서비스(RISS)에 등록되어 있어 검색이 가능하다.

박사 학위 논문이 통과되고 박사 학위를 받은 후, 후배 중 하나가 내 박사 학위 논문을 토대로 학술지 논문을 작성하고 싶다고 연락해왔다. 이후 공동 저자로 참여하여, 내 논문이 학술지에 두 편 게재되었다. 무척 기쁘고 보람찬 일이었다.

[참고: 국내학술논문]

「은행서비스 환경에서 라포형성행동이 고객충성도에 미치는 영향: 고객태도를 매개로」, KCI 등재, 김천욱, 황찬규, 사단법인 한국벤처혁신학회, 2023, 벤처혁신연구, Vol.6 No.2

「은행서비스 환경에서 고객만족도를 매개로 하여 라포형성행동이 고객충성도에 미치는 영향: 중장년세대를 대상으로」, 유병선, 김천욱, 황찬규, 국제인문사회연구학회, 2024, Studies on Humanities and Social Sciences(SHSC), Vol.6 No.3

등잔불, 초등학교 3학년 때까지 쓰던 등잔불이다.
(나의 가보, 숙제의 추억)

3.4 인생의 꿈, 경영학 박사가 되다

"왜 박사 학위를 받았나요? 어떤 목적이 있나요?"

박사 학위 과정을 시작할 때에도 박사 학위를 받고 졸업을 했을 때도 대부분은 이런 질문을 가장 많이 한다.

함께 박사 학위를 받은 동기 아홉 명만 봐도 그 이유는 제각기 다양하다. 나는 어릴 때부터 공부를 좋아했다. 대학을 졸업하고 직장에 취업한 후, 자격증 공부도 줄곧 해왔지만 순수한 공부에 대한 아쉬움은 늘 있었다. 은행에서 지점장으로 발령이 나던 해에 석사 과정에 입학을 했다. 더 이상은 미루기 싫었고 아버지도 연세가 많으셔서 공부하는 아들을 보여드리고 싶었다. 결국 아버지는 그해 여름에 아들의 졸업도 보지 못하시고 하늘나라로 가셨지만, 대학원 입학을 알려드렸을 때 웃으시던 모습이 지금도 선하다.

은퇴 나이가 되면 공인중개사나 주택관리사, 직업상담사, 사회복지사 등 생활 밀착형 자격증에 많이 도전한다. 그러나 변호사나 세무사, 법무사, 감정평가사 등에는 도전하기 어렵다. 그만큼 어렵기 때문이다. 그러나 어려운 만큼 그 가치 또한 크다. 기능사, 기사, 기술사 등의 이공계 자격증도 업력과 경력, 시험을 통해 취득을 한다. 어느 분야든 최고의 자리에 오른 분들은 정말 자랑스럽다.

은퇴를 준비하는 시기나 또는 은퇴 후에 할 수 있는 최고의 학위는 박사이다.

그래서 공부를 좋아하는 나는 석사 과정에 입학하여 2년 후 석사 학위를 취득한 후 바로 이어서 박사 과정 3년에 입학하고 학위과정을 거쳐 박사 논문에 도전하여 박사 논문 최종 심사통과를 받고 경영학 박사 학위를 받았다.

박사 과정 2학년 여름에 은퇴를 결정하였지만 마음은 두려움보다는 기대가 크고 그동안의 수고에 대한 위로와 앞으로의 즐거움과 행복을 찾을 생각이 가득했다. 박사 과정 3학년은 학술지 논문과 박사 논문 준비, 연구 모형 결정, 설문 측정 도구 완성, 설문 조사, 통계 분석과 가설 검증 등 1년이란 시간이 부족했다.

박사 학위 논문에 대한 고민은 박사 학위 입학과 동시에 시작된다. 본인의 업력이나 경험, 관심사, 트렌드 등에 따라 지도 교수님과의 밀접한 협의를 통해 연구모형과 연구 주제를 결정하는 것이 가장 중요하고 우선이다.

은행에서 27년을 근무했던 나는 당연히 은행 관련 연구 주제를 선택하기로 했고 은행에서 지점들이 축소되고 비대면 거래가 증가되고 인터넷 은행들의 경쟁력이 증가되는 시기에 은행과 고객 간에 라포 형성 행동은 고객충성도에 어떤 영향을 미치는지를 고객만족도와 고객 태도를 매개로 분석해보기로 했다.

박사 학위 논문 연구 모형은 박사 과정 2학년 2학기에는 정해야 한다. 3학년은 늦다. 3학년 1학기까지는 논문 초안을 작성하는 것을 추천한다. 3학년 2학기에는 박사 학위 논문 예비심사와 본심사, 최종 심사를 대비해야 한다.

박사 논문을 위한 설문조사를 진행하다 설문 조사 전문업체를 활용하기로 했다. 리멤버앱을 운영하는 회사에서 설문조사를 대행하는데 설문 대상에 대한 신뢰가 예상되어 비용을 주고 설문조사를 대행하여 설문 데이터에 대한 공신력을 확보했다. 지인이나 제한된 설문 대상으로 인한 설문 데이터 오류를 피하고자 했다. 그래서 박사 학위 논문에 대한 나만의 자신감과 신뢰도가 생겼다.

박사 학위 논문은 아래와 같이 구성한다.

1. 서론에 연구의 필요성과 목적, 연구 방법 및 논문의 구성을 작성하고

2. 이론적 배경에는 선행연구를 통한 환경분석이나 독립변수, 종속변수, 매개변수에 대한 선행연구를 작성한다.

3. 연구모형 및 측정 도구에는 연구모형 및 연구가설, 구성개념의 조작적 정의, 측정 도구를 설명한다.

4. 분석 결과에서는 조사 대상자의 일반적 특성, 측정 도구의 타당성 및 신뢰도 검증, 기술 통계적 결과분석, 가설의 검증, 검증 결과 비교를 설명한다.

5. 결론에서는 연구 결과 요약 및 시사점, 연구 한계점 및 향후 연구 방향에 대해 작성한다.

참고문헌과 ABSTRACT, 부록 및 기타를 작성하면 완성이다.

본 박사 학위 논문에서는 비대면 관계에서 형성되는 신뢰감이나 믿음 등의 라포, 라포를 형성하는 행동에 대해 "디지털 라포", "디지털 라포형성행동" 개념을 최초로 정의한 것에 의의를 두고 싶다.

박사 학위 논문에 대한 감사의 글을 작성할 때 떠오르는 가족과 지도 교수님, 동기들과 선후배님들, 지난 5년간의 대학원 추억과 공부에 대한 회상이 지나갔다. 감사의 마지막 문구는 "나에게 힘을 주시는 분 안에서 나는 모든 것을 할 수 있습니다.(필리피서 4.13)"이었다. 이 모든 것은 하느님의 은총과 사랑으로 가능하였고 받은 것임에 감사를 드렸다.

[참고: 학위논문]
은행서비스 환경에서 라포형성행동과 고객충성도 간에 고객태도와 고객만족도의 매개효과 연구: 청년세대와 중장년세대 비교 분석, 김천욱, 서울벤처대학원대학교, 2023, 국내박사

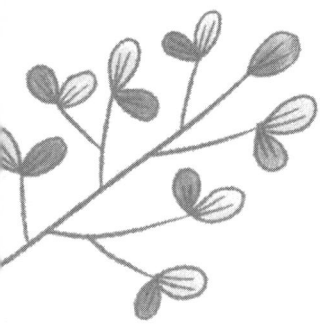

3.5 박사로서 다음 스텝을 준비한다

박사 학위를 받고 나면 밥사를 하여야 한다고 한다. 모교를 방문하여 지도 교수님과 후배님에게 감사의 식사를 한턱 낸다. 이번에 졸업한 동기들이 석사 포함 12명이나 되어 1학기에 내내 일정을 짜서 점심을 사기로 했다. 기분이 좋다.

석사 입학 때에는 10명 조금 더 있던 학생들이 지금은 30명이 넘는다. 밥사의 비용이 두 배 이상 늘었지만 역시 기분이 좋다. 밥사를 하는 날이면 수업 시간에 30분 정도 시간을 배정 받아 본인 소개와 박사 과정 및 논문에 대한 소개 시간도 갖는다. 후배들과 질문과 응답도 하고 좋다.

박사 학위를 받고 나면 지인을 만났을 때 가장 많이 받는 질문이 이제 무엇을 할 것인가? 어느 대학에 강의를 나가는지? 교수가 될 것인지? 등이다.

그러나 2021년 교육부·한국교육개발원 자료에 따르면 매년 1만 6천 명 이상의 박사 학위 취득자가 생겨나고 있다. 이 중에서 29%는 공학 계열 박사였다. 그리고 박사 학위취득자의 취업률은 26.7%로 역대 최저이고 학위 취득 후 일자리 찾기는 여전히 어렵다고 했다. 하지만 기회는 여전히 있다고 본다.

현재 직장에 재직 중인 경우에는 석사 학위 소지자와 박사 학위 소지자에게 특별수당을 지급하는 대기업이나 공기업 등도 있다. 그래서 재직 중에 학위 취득에 도전하는 경우도 많다. 동기들 중에는 박사 학위 취득 후 회사에서 특별수당으로 30만 원을 매월 추가로 받게 되었다고 좋아한 친구도 있다.

은퇴 이후에 박사 학위를 취득한 경우에는 본인 만족을 위해 학위를 취득한 경우가 많다. 그래서 더 적극적으로 재취업에 도전하기보다는 새로운 기회로서 박사 학위를 활용해보고자 하는 경우가 많다. 후배들에게 도움을 준다든지 외부 교육에 기회가 있다면 적극적으로 참여해보고자 한다. 경영컨설팅 업체에 재취업을 하거나 대학 산하의 산학협력단에 지도 교수나 연구교수로 도전해보는 경우도 많다.

박사 학위 취득 후 법정교육 대행회사이자 평생교육원을 운영하는 H사와 M사에 이사 직함으로 명함을 받았다. 명함에는 경영학박사 이 다섯 글자가 이름 옆에 표시되어 있다. 학술연수 과정의 개발이나 외부 연수 등의 기회도 있고 중소기업이나 5인 이상 개인사업자에 대한 법정교육과 교양교육을 대행하는 회사이다. 또한 S사와 G사에서는 CFO(Chief Finance Officer) 업무를 도와달라고 요청이 왔다. 스타트업 및 중소기업인 두 기업에도 도움이 되었으면 좋겠다. 이제 박사 학위 2년 차인 2025년에는 협업하는 회사와 적극적으로 일해보고자 한다. 박사 학위를 적극 활용해보고자 한다.

흔히 박사 위에 밥사이고, 밥사 위에 술사이고, 술사 위에 봉사라고 한다.
박사 학위를 받고 저소득가정이나 외국인 대상 봉사 등 교육 봉사가 필요한 곳에 적극적으로 발 벗고 나서서 참여하는 이들도 많다. 진정한 박사의 소임은 배움의 베풂에 있다고 본다. 나 또한 작은 기회가 있더라도 꼭 교육 봉사에 참여해보고자 한다.

은행 재직 시절에 중학교, 고등학교, 대학교에 금융교육강사를 나갔던 추억이 있다. 그때의 강의에 집중하던 학생들의 얼굴 표정이나 눈동자가 생각난다.

대학교 학부는 경제학을 전공하였고 은행에서 27년을 근무하면서 금융을 배우고 익혔으니 경영학 박사로서 첫 강의는 마케팅 강론에 대해 해보고 싶다.

다양한 경험을 바탕으로 실제 사례를 중심으로 AI 등 변화하는 시대에도 적용 가능한 마케팅에 대한 연구를 해보고 싶다. 모든 마케팅의 기본 법칙은 타깃, 오퍼, 프로모션의 T.O.P 법칙을 따른다고 본다. 시장에 등장하는 신상품은 캐즘의 절벽을 슬기롭게 넘으면 시장의 지배적인 상품이 될 수 있다. 시장은 결코 혼자 살아 남을 수 없으며 관련업계나 이종업계 간의 제휴나 동맹을 통해 서로 윈윈하는 마케팅을 하여야 한다. 제조업뿐만 아니라 금융시장 등에도 동일하게 적용된다. 어느 강단에서나 경영학박사로서 소개될 때 가장 기쁠 것이다.

인생 2막을 살다

제3장 요약: 최고의 경쟁력, 학위 드디어 경영학 박사 되다

'지속적인 배움', '실무와 이론의 융합', '경험을 통한 교육 봉사'

1. 경제학 전공에서 출발한 배움의 여정
대학에서 경제학 전공 → 미시경제와 경제수학에 깊은 흥미
27년간 은행 재직 중에도 학문에 대한 갈증과 열정 지속

2. 석사는 박사의 전 단계
2019년 서울벤처대학원대학교 석사 입학, 직장과 병행
논문: "F-Score를 이용한 포트폴리오 수익률 예측 연구"
SPSS 활용 통계분석 역량 강화, 학문과 실무 접목

3. 박사 과정과 학술지 게재
박사 과정 3년 동안 학술지 논문 2편 게재
논문: "은행서비스에서 라포형성 행동이 고객충성도에 미치는 영향"
박사논문에선 디지털 라포 개념을 국내 최초 정의

4. 박사 학위 취득, 인생 목표 달성
2023년 경영학 박사 학위 취득
주제: "은행과 고객 간 라포형성과 고객충성도 관계 분석"
논문 작성부터 설문 설계, 통계 검증까지 철저한 연구 진행

5. 박사 이후의 삶과 다음 단계
H사·M사 등에서 이사직 명함 받아 활동 시작
스타트업 CFO 제안, 강의 활동 및 교육 봉사 희망
"박사 위에 밥사, 술사, 봉사" → 지식 나눔과 사회 기여가 진정한 박사의 길
첫 강의 희망 과목: 마케팅 강론, T.O.P 전략 전파 의지

나만의 행복을 위한 즐거움을 찾자

이른 아침 바닷가 호텔에서 바라보는 멋진 풍경
(파르나스 호텔 제주, 제주시 서귀포시 중문단지)

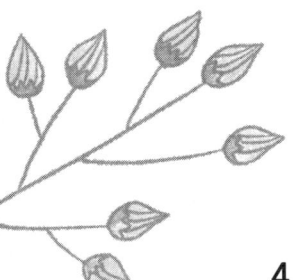

4.1 반려동물과 눈이 마주치면 생기는 행복들

 둘째 딸이 중학교에 입학하고 사춘기가 시작될 때쯤이었나 보다 말을 붙이기도 어렵고 툭하면 신경질만 낸다. 그렇게 친하던 아빠와는 멀어지고 엄마와 가까워지는 시기이다. 어느 날 문득 애견 카페를 갔다가 와서 강아지를 보러 가보자고 했다. 주말이라 시간도 마침 있어서 아차산역 근처 강아지를 판매하는 가게에 가보았다. 생각보다는 더 어린 강아지들이 있었다. 정말 종류도 많고 모두가 이쁘고 귀여웠다. 품종마다 성견이 되었을 때의 모습이나 성격, 특징 등 다 따져보고 분양을 받아서 구매해야 한다고 생각했다. 하지만 작은 투명 케이지 안에서 하얗고 작은 강아지와 눈이 마주치고 나면 그 눈빛을 외면하기 어렵다. 그래서 아무런 계획도 없었지만 그 강아지를 집으로 데려오게 되었다. 분양받는 비용은 비쌌지만 막상 분양을 결정하고 나면 비용은 장애 요인이 되지 않았다. 강아지 집, 펜스, 바닥깔개, 패드, 사료, 간식, 장난감, 리드줄, 하네스 등 애견용품도 차 트렁크에 가득 샀다.

은퇴 후나 노년에 외로움이 걱정되는 사람이 있다면 나는 반려동물을 꼭 키워보라고 추천하고 싶다. 책임감과 의무감이 생기지만 그로 인해 얻는 행복은 몇 배는 더 크고 위로 받고 기쁘다.

생후 두 달 된 강아지와 한 트렁크의 짐과 함께 집에 왔을 때 와이프와 큰딸의 첫 반응은 놀라움과 경악이었다. 큰딸이야 강아지를 이뻐하니 좋아했지만 와이프는 강아지를 키운다는 것을 생각해본 적이 없고 어렸을 적에 강아지에 대한 안 좋은 기억도 있다고 했다. 하지만 이미 되돌리기는 어려웠다.

제일 처음 해야 하는 일은 이름을 짓는 일이다. 강아지 이름은 두 딸들이 지었다. 공식적으로 "몽이"가 우리에게, 우리 집에 온 것이다. 동물을 분양받고 나면 동물병원도 연계가 되어, 초기에는 예방접종을 주기적으로 받아야 한다. 자식을 낳고 나서 병원 소아과를 자주 가는 것과 같다. 지금은 반려동물 인식을 위한 마이크로칩을 동물병원에서 시술하는데 이렇게 하면 반려견의 신원을 확인하고 분실 시 보호자를 찾기 쉽게 도와주는 방법이다. 몽이도 마이크로칩을 등록했다. 또한 동사무소에 가면 반려동물을 등록할 수 있다. 강아지 신분증을 만들기도 한다. 멋진 반려동물 사진과 함께 신분증을 만들어봤다.

강아지는 생각보다 빨리 자란다. 그래서 분양 후에는 매일 사진과 동영상을 많이 찍어두어야 한다. 입양 후 한 달 두 달이면 강아지 크기는 성견이 된다. 지금도 아쉬운 부분이다. 주기적으로 동물 병원을 가는 일과와 동물 미용실을 가게 된다. 우리 강아지 외모를 미용을 통해서 더욱 멋지게 만들어본다. 강아지 산책을 나가면 주위 사람들이 보고 이쁘다거나 귀엽다고 하면 기분이 정말 좋다.

강아지 옷이나 신발, 리드줄, 가방 등에 신경을 쓰게 된다. 와이프와 강아지가 친해지는 계기가 있었다. 와이프가 다리를 다쳐서 며칠 집에 있어야 했는데 다른 가족들은 모두 출근하고 학교에 갔을 때 강아지와 둘이 있어야 했다. 그런데 몽이는 정말 천재 강아지다. 똥, 오줌 등 생리현상도 실수하지 않고 애견패드에 잘 가리고, 물건을 물어 뜯거나 망가뜨리지도 않고 사납게 짖거나 하지 않았다. 귀여운 눈과 코, 하이얀 털, 작은 발과 꼬리

흔들기… 아마도 모든 사람이 그 매력에 빠지지 않을 수 없다. 와이프도 마찬가지였다. 그 이후로 와이프도 몽이 사랑에 빠져서 목욕도 시키고 산책도 하고 정이 들기 시작했다. 지금은 가장 몽이를 사랑하는 가족 중에 하나이다.

몽이는 현재 여덟 살이 되었다. 사람의 연령으로 치면 강아지는 1년이 사람 나이 7년이라고 한다. 사람 나이로는 56세이니 중장년이다. 많은 추억과 함께 지내온 8년의 추억은 정말 귀중한 보물이다. 몽이 인스타그램에 현재 460장 정도의 사진을 게시했다. 유명한 강아지들은 수천 장의 사진과 수만 명의 팔로워를 가지고 있지만 나는 몽이와의 추억을 간직하고 싶어서 몽이 인스타그램을 하고 있다. 잠시 시간이 날 때마다 인스타그램 사진을 보면 행복에 젖어 든다.

물론 중성화 수술을 한다든지 슬개골이 탈골되어 동물 병원에 입원하기도 한다. 아픈 부위를 수술하고, 깁스를 하거나 입원을 하게 되면, 또는 심장이나 폐 건강이 나빠져서 병원을 다니게 되면 치료비도 만만치 않다. 하지만 막상 그 상황이 닥치면 이미 소중한 가족이 된 반려견을 위해 할 수 있는 모든 것을 하게 된다. 평소에도 강아지용 비타민과 영양제를 상시 준비하고 먹이는 것은 물론이다. 사람 한 명과 함께 사는 것과 다름없이 온 신경을 쓰면서도, 그게 어느새 당연한 일이 된다.

강아지와 처음 눈이 마주치면 생기는 일들, 사람은 변하지 않는다고 하지만 나만의 강아지를 인연으로 만난다면 모든 사람이 행복하게 변한다고 생각한다. 은퇴 이후에 찾아올 외로움이 걱정된다면 반려동물과 함께 새로운 행복을 찾아보자.

몽이와 아침 산책 중 표정이 너무 이뻐서 한 장, 스마일 굿
(봉은중학교 옆 삼성 해맞이 공원 가는 계단에서)

몽이 인스타그램, 몽 스타그램 사진 모음(@mong0_0mong)

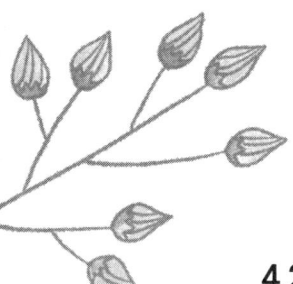

4.2 자녀가 태어난 해의 와인을 가지고 있나요?

은퇴하는 해의 와인을 몇 병 사서 보관해 보자.

와인과의 특별한 인연은 2003년 봄에 시작되었다. VIP 마케팅 관련 세미나에서 와인에 대한 기초강의를 들었다. 그리고 그해에 힐튼호텔에서 와인 엑스포에 처음으로 가 보았다. 강의에서 들었던 와인에 대한 관심으로 찾았던 와인 엑스포에서 전 세계 다양한 와인을 구경하고 시음하는 동안 그 매력에 빠져 들게 되었다. 와인 엑스포 현장에서 두어 병의 와인과 와인잔, 와인 스크류 등 액세서리를 구입했다. 개인적으로 와인은 생산 후 2~3년 후에야 본 모습을 보여주기 시작한다고 생각한다. 보졸레누보가 어떤 와인인지 언제 출시하는지도 처음 알게 되었다.

마침 큰딸이 2001년생이고 둘째는 2003년생이라서 2003년에 주로 구입하던 와인이 2000~2001년이었다. 그중에 2001년 와인을 아직도 보관하고 있다. 그 이후 2003년 와인도 구입하여 보관하고 있다. 전문적인 와인 셀러에 보관해온 것은 아니어서 맛은 장담할 수 없다. 다만 그 와인병을 보면서 딸들과의 어릴 적 추억도 생각해본다. 나중에 딸들이 결혼을 하거나 자식을 낳았거나 할 때 그 와인을 선물로 주고 싶다. 물론 마시기에는 맛을 보장하기는 어렵다.

여러분들도 특별한 해의 와인은 몇 병 사서 마시기도 하고 한두 병은 추억으로 남겨 놓아도 좋을 것 같다. 와인 라벨이 낡아가는 멋도 있고 와인 맛에 대한 추억도 쌓여간다. 은퇴한 해의 와인을 몇 병 사서 보관하다 특별한 날 마셔보면 어떨까?

2004년에는 VIP 마케팅의 하나로 전국 주요 도시에서 VIP 고객 초청 와인 강좌를 기획하는 기회가 생겼다. 서울, 부산, 대구, 광주, 대전 등 5개 도시에서 각 VIP 고객 40명 정도를 초청하여 와인 강좌와 와인 테이스팅, 와인 선물을 지급하는 행사였다. 이를 위해서 와인 전문업체와 제휴하여 진행하게 되었다.

와인이 서서히 국내에서 자리를 잡고 시장이 확장되는 시기였다. 전 국민들의 관심이 와인에 집중되고 드라마나 영화에 나온 와인이 대박 히트 상품으로 떠올랐다. 지금도 잊을 수 없는 와인은 칠레와인으로 드라마에 나왔던 몬테스 알파였다. 그 인기는 대단했다. 와인 수입업자는 그 와인만으로 매출과 수익이 확보될 정도였다. 2002년 월드컵과 함께 히딩크 축구 감독의 와인이란 별칭이 붙은 샤토 딸보는 가격이 비쌌지만 누구나 마셔보고 싶은 와인이 되었다.

운동을 새로 시작하면 옷과 신발 등 장비부터 사고 보는 사람들이 많다. 나도 그런 사람 중에 하나이다. 와인에 대한 관심이 생기기 시작하고 와인뿐만 아니고 와인 셀러나 와인 렉, 와인 잔, 와인 스크류, 스토퍼, 와인 온도계, 디켄터 등 와인 부수 장비들을 구입하게 되었다. 와인 관련 서적도 10권 정도 구입하게 되었다. 국내 소믈리에 1호이신 서한정 선생님의 책, 그리고 와인 전문가 박준철 선생님 책이 시작이었다. 그때부터 매년 와인 관련 책을 사게 되었다.

은행원으로 시작했다가 과감하게 퇴직하고 소믈리에로서 성공하신 조정용 선생님은 고려대학교에서 강의도 하시고 와인 서적을 다수 출간하셨다. 지금도 와인전문점을 직접 운영하시면서 와인 관련 서적 집필과 와인 투어를 계속하신다고 들었다. 은행에서 VIP 고객 와인 강좌에도 몇 번을 모시고 진행했었다. 참 대단하신 소믈리에시다. 와인에 대한 사랑이 남다르시다. 존경스럽다.

은행 내 사이트에 와인 관련 칼럼을 연재해봤던 기억이 있다. 목차를 만들고 10개 정도로 시리즈로 기획해서 칼럼을 작성했었다. 와인의 역사부터 시작했었던 거 같다. 비씨카드 잡지에 인물 소개에 나왔을 때에도 주 관심사가 와인이라고 했었다. 그때는 그랬다.

와인 동호회를 은행 내에서 아마추어로서 몇 년 같이했던 추억도 좋았고 외부 인터넷 포털의 와인 동호회에도 몇 번 시도했던 경험이 있다. 같은 직장이나 친구들과 함께 와인을 즐기는 것은 좋다. 지금은 가족들과 와인을 즐기는 것이 가장 좋다. 많이 마실 필요는 없다. 그냥 한 잔을 앞에 두고 도란도란 이야기를 나누면 좋다. 막걸리나 소주, 양주도 좋지만 와인 한 잔은 무리 없다. 레드 와인이 부담스럽다면 화이트 와인이나 로제 와인도 좋다. 스파클링 와인을 아이스버킷에 꽂아 놓고 마시는 멋을 언제나 즐겨보자. 기분이 좋아진다.

소맥이나 폭탄주에 지진 직장생활에서 벗어나 자연스러운 분위기에서 가족들이나 친구들과 나누는 한 잔의 와인은 인생의 참 즐거움이다. 지금 시작해도 늦지 않는 행복한 즐거움 중의 하나이다.

친한 친구들과 함께 마시는 몇 병의 와인은 잊지 못할 추억이 된다. (대학교 과 친구들과 와인 모임, 와인 계탔다.)

2020

VIN DE BOURGOGNE

Chambolle-Musigny

APPELLATION D'ORIGINE CONTRÔLÉE

GEORGES LIGNIER ET FILS

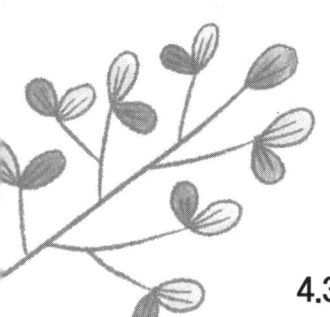

4.3 이립삼전을 아시나요? 바둑은 인생이다

'신선놀음에 도끼자루 썩는 줄 모른다'는 속담이 있다. 바로 '바둑'을 두고 하는 말이다. 바둑을 두다 보면 정말 시간 가는 줄 모르는 경우가 많다. 바둑을 모르는 사람은 정말 재미없을 것이라고 생각한다. 그냥 한가하게 시간만 보내는 사람들 같아 보이니 말이다. **하지만 바둑을 알게 되면 아마도 한 수 한 수가 얼마나 중요하고 생각을 많이 하고 두는 것인지 알게 된다.**

대학 신입생 시절에 학생회관을 돌아보다 영어회화동아리에 과 친구와 둘이 가입을 하고 활동하게 되었다. 학생회관 3층에는 정말 많은 동아리들이 있었다. 동아리방에서 공강이나 휴강, 방과후에 시간을 보내는 일이 많아졌다. 몇몇 선배들이 바둑도 두고, 기타도 치고, 노래도 부르고 그랬다. 정말 우연한 기회에 바둑을 두는 선배와 친해졌다. 그래서 관심을 갖게 되었고, 바둑책을 몇 권 구입해서 읽어 보면서 이론을 배우게 되었다. 그 선배는 아마4급 정도의 실력자였다. 우리 동아리 말고도 바둑 동아리에 가입이 되어 있었고 바둑을 잘 두는 것이 멋있어 보였다. 그래서 바둑을 배우게 되었다. 바둑의 전설 조훈현, 서봉수, 조치훈 등 프로기사가 바둑을 이끌어오던 시기였으나 돌부처 이창호 9단이 등장하면서 바둑계에서는 정말 놀라운 일들이 일어났다. 먼저 수많은 기록들이 생겨났다. 스승이신 조훈현 9단도 뛰어넘었다. 세계 바둑계에서도 놀라운 일들이 생겼다. 일본 바둑을 넘어 중국 바둑도 평정하게 되었다. 상하이 대첩은 그중 유명한 대국이었다. 이창호 프로 혼자서 남은 중국 프로기사를 다 물리치고 한국 우승을 이끌었던 기록이었다.

이세돌 9단의 AI와의 바둑은 세상의 이목을 끌었다. 가장 최근에는 신진서 9단의 세계 프로대회 우승 기록과 최정 9단의 여성 프로기사로서 세계대회에서의 남자 프로기사 승리와 여자 프로기사 1위 등극 등 이슈가 많았었다.

지금도 조훈현 9단, 서봉수 9단, 유창혁 9단 등도 시니어 바둑계에서 선전을 하고 있다. 세상 많은 이슈가 있었지만 세월이 흘러도, 나이를 먹어도 둘 수 있는 것이 바둑이다. 아마 취미 중에는 가장 힘들지 않은 취미이자 두뇌 스포츠이다. 은퇴 후에 뇌의 건강을 위해서도 좋다고 한다. 체스나 장기 등도 있으나 나는 바둑을 적극 추천한다. 예전에 담배연기 자욱했던 기원은 사라지고 깨끗한 환경의 기원이 많다. 인터넷 바둑도 있다. 그러나 나는 바둑을 직접 두는 것도 좋지만 바둑을 배워서 바둑을 볼 수 있는 정도의 실력만 가져도 좋다고 본다. 지금은 대회 상금이 수억 원인 대형 세계대회도 많다. 국가 간 경쟁도 재밌다. 최근의 프로기사들 뉴스나 대회 소식을 보고 대회를 감상하는 정도의 실력이면 충분하리라고 본다.

바둑에 관심을 갖고 배우고 싶다면 바둑 책을 사서 보는 것을 추천한다. 유튜브 영상도 좋다. 하지만 바둑의 진정한 매력은 바둑 책을 한 권 한 권 보면서 느껴볼 수 있다. 바둑 속담 관련 책을 찾아보면 좋겠다. 속담이란 오랫동안 내려온 지혜를 담은 짧은 글이다. 바둑에서도 마찬가지이다.

붙이면 젖혀라. 붙이면 뻗어라. 이 두 바둑 속담은 아마도 가장 처음에 듣게 되는 속담이다. 나의 바둑돌에 상대방이 돌을 붙여 놓으면 대응하는 두 가지 방법을 나타내는 속담이다. 상대방이 공격에 준엄하게 대응하여 젖히는 수와 상대방 공격에 오히려 온건 수로 뻗어서 대응하는 수를 의미한다. 주위의 상황에 따라 대응해야겠지만 이 처음 속담은 인생에서도 비슷하다. 은퇴의 시간이 왔을 때 이를 적극적으로 대응하는 방법과 이미 준비한 대로 받아들이고 차분하게 대응하면 된다.

내가 좋아하는 바둑 속담은 이립삼전이다. 바둑돌이 두 개 있을 때는 세 칸을 벌려라 하는 속담이다. 바둑은 결국 집을 누가 많이 짓느냐의 경기이다. 네 귀를 먼저 두는 것도 가장 효율적으로 둘 수 있는 곳이 네 귀이기 때문이다. 인생도 이립삼전 할 수 있는 시간이 있다면 최대한 안전한 거리까지 시간이나 돈을 확보해 두어야 한다. 그래야 바둑의 후반기처럼 인생의 후반기에도 기회가 찾아올 수 있다.

바둑을 모르는 사람은 바둑판이 한가해 보이지만 바둑을 아는 사람들은 바둑판만큼 한 수 한 수 치열한 세상은 없다. 한 수를 잘 못 두면 그냥 경기는 끝난다. 조금만 여유를 부려도 바로 경기는 역전 당하기 쉽다. 바둑을 배워서 잘 두면 더 좋을 것 같고 바둑 경기를 즐길 수 있다면 그 정도면 좋겠다.

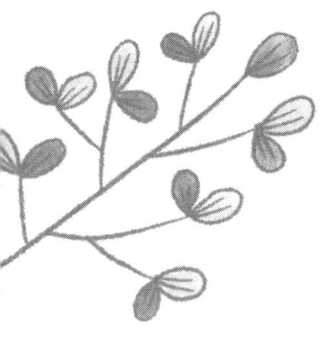

4.4 골프는 방향일까? 거리일까?

 와인 이름 중에 골프 관련된 와인으로 1865라는 와인이 있다. 골프 18홀을 65타를 쳐보라고 닉네임이 붙어 있어서 골프 행사 뒤풀이 와인으로 유명해졌다. 나의 인스타그램 아이디는 bluewine1877이다. 좋아하는 것들로 만들었다. 시골의 파란 하늘을 좋아해서 blue를 가져왔고, 와인을 좋아해서 wine, 그리고 골프에 대한 애정을 담아서 18홀을 77세까지 친구들과 쳐보자고해서 1877을 붙였다. 77타를 쳐보면 좋겠지만 그것은 이미

포기했다. 은퇴 후에도 골프를 즐길 수 있으면 정말 좋겠다. 건강과 시간과 친구 네 명과 돈이 있어야 가능하다.

골프는 방향일까? 거리일까? 두 가지 중에 하나를 고르라고 하면 뭐가 좋을까? 나이가 젊으면 방향일 것 같다 이미 거리는 얼마만큼 자신 있지 않을까? 노년이 되면 거리일 것 같다. 방향은 이미 잡혔을 때니까 말이다.

은퇴 이후에 골프에 대한 태도는 변화가 생긴다. 은퇴하고 시간이 많이 생겼으니 골프에 집중해서 타수를 줄여 보자 하는 집중형이 있다. 국내는 물론이고 해외골프도 즐긴다. 목표 타수를 정해 놓고 연습과 레슨을 받는다. 실전 라운딩도 회수를 늘린다. 골프 동호회에 가입하거나 동네 연습장에 등록하기도 한다.

흔히 '라베'라고 하는 라이프타임 베스트스코어(Lifetime Best Score)를 싱글이나 언더파로 정하고 도전하는 부류들이다.

또 다른 부류는 은퇴 후에는 골프를 적정하게 줄인다. 돈과 시간, 친구, 건강 등 어느 한 가지에 문제가 생기면 어쩔 수 없다. 현역으로 직장에 있을 때는 아무리 바쁘더라도 휴가를 내거나 주말에 골프를 즐겼지만 이제는 주말 요금이 부담스럽다고 생각된다. 현역 친구들과의 라운딩도 자연히 줄어 든다. 손님이나 영업관계상 라운딩을 했던 부분들은 자연스럽게 사라진다. 골프 비용은 횟수를 줄이거나 주중 라운딩으로 하면 많이 줄어든다. 건강 때문에 골프를 그만두어야 한다면 참 안타깝다. 인생에서 골프 친구 네 명만 있으면 행복하다는 얘기도 있다. 중고등학교 친구들 중에 골프 친구가 있으면 정말 좋다. 언제라도 부담 없고 골프가 즐겁다. 대학 과 친구나 동아리 친구들과의 골프 라운딩은 사회 소식을 잘 공유할 수 있어 좋다. 각자 사회적인 위치도 좋고 여유도 있어서 골프 라운딩에 여유가 있다. 그래도 직장 동기들과의 골프 라운딩만 한 것은 없다. 한 평생을 같은 직장에서 고생했던 친구들과의 골프 라운딩은 그때 그 시절이 생각나기도 하고 동고동락했던 추억과 함께 골프도 즐겁다.

골프를 즐기는 친구들은 골프 이야기만 나오면 모두 한 마디씩은 한다. 처음 배울 때 지하 연습장에서 벽에 하루에 몇 시간씩 공을 치던 기억이나 첫 라운딩이 잡히고 설레던 그 기분은 평생 잊기 어렵다. 첫 라운딩 때 준비를 위해 준비물을 체크리스트를 만들어서 준비했던 기억이 난다. 전날 밤에 직장 회식으로 12시까지 술을 마시고 3시에 눈을 떠서 첫 라운딩을 따라갔던 기억은 지금도 참 즐겁다. 아침 출근 전에 5시에 일어나서 인도어 연습장에 차를 몰고 가서 한 시간을 연습하고 집에 와서 샤워를 하고 출근하던 일 년도 참 좋았다.

보통 첫 라운딩 때 파는 한두 개 해본다. 첫 버디를 하는 경우도 있으면 골프 신동으로 소문이 자자하게 난다. 그래서 버디를 처음 했을 때는 정말 날아갈 듯 기쁘다. 한 라운딩에서 버디를 두 개 했을 때, 세 개 했을 때도 아마 잊기 어렵다. 파를 연속해서 네 개를 하는 경우 '아우디'라고 한다. 다섯 개를 연속으로 하면 '올림픽'이라고 한다. 버디를 파3, 파4, 파5에서 순서는 상관없지만 연속으로 하면 '싸이클 버디'라고 한다. 이것은 프로들도 어렵다고 한다. '이글'도 잊기는 어렵다. '알바트로스'는 아마추어는 가장 힘들 것이다. 거리와 방향 둘 다가 갖추어져야 조금의 가능성이 있으니 말이다.

77세까지 18홀을 즐길 수 있도록 건강, 친구, 돈, 시간에 대해 준비를 잘 해야 한다. 은퇴 후에, 시간은 내면 되고 돈은 모자라면 빌려서 치면 되고 친구가 부족하면 조인하면 된다. 하지만 건강을 잃으면 골프는 할 수 없다. 우리 모두 건강을 잘 지키자. 아침 산책이나 러닝을 적극 추천한다. 마라톤에 기회가 되면 입문해보면 좋겠다. 풀코스나 하프코스는 힘들면 10km, 5km를 뛰면 된다. 등산도 좋다. 지금은 그 인기가 많이 줄었지만 등산만큼 좋은 것도 없다.

친구들과 즐거운 라운딩 중 멋진 풍경과 함께
(용인 아시아나 CC EAST코스 8번홀)

인생 2막을 살다

제4장 요약: 나만의 행복을 위한 즐거움을 찾자

"행복은 거창한 목표가 아니라, 내가 좋아하는 소소한 일상과 취미에서부터 시작."

1. 반려견 '몽이'와의 일상
강아지와의 첫 만남은 계획 없이 시작되었지만, 가족 모두에게 위로와 기쁨이 됨
은퇴 후 외로움을 달래는 최고의 친구

2. 와인에 담긴 인생의 향기
VIP 마케팅에서 시작된 와인과의 인연, 이후 와인 동호회, 칼럼 연재 등 즐거운 취미로 자리잡음
딸의 출생 연도 와인을 보관하며 인생의 추억을 병에 담음

3. 바둑과 함께하는 인생 철학

대학 시절 배운 바둑은 두뇌 스포츠이자 삶의 지혜 "이립삼전", "붙이면 젖혀라" 등 바둑 속담에서 인생 통찰

4. 골프는 거리보다 방향

은퇴 후에도 골프는 건강, 우정, 추억을 위한 취미 "77세까지 18홀"이라는 소망과 함께, 생활의 활력소로 자리

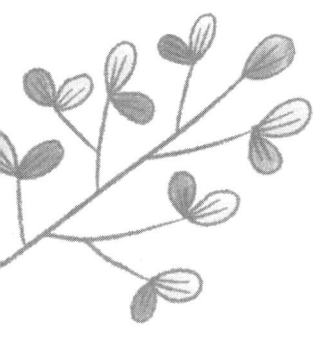

4.5 블루길이라도 좋다, 잡기만 하자

 고향인 가평에 가면 북한강가에 봄부터 가을까지 민물낚시를 즐기러 오는 분들이 있다. 낚시를 즐기시는 분들은 날씨가 가장 중요하다. 하지만 민물낚시를 하시는 분들은 강물의 수위가 가장 중요하다. 강물이 줄었다가도 늘면 여지없이 찾아온다. 민물낚시의 꽃은 붕어 낚시이다. 황금색의 손바닥만 한 붕어는 밤을 꼬박 새우고 새벽에 만나는 가장 큰 즐거움 중의 하나이다.

낚시 방송과 낚시 TV가 많이 활성화되기 전인 2016년에 고등학교 3학년 때 같은 반 친구를 동창회에서 만났는데 낚시 쪽에서는 알 만한 사람은 다 아는 낚시 프로라고 해서 깜짝 놀랐다. 낚시에도 프로가 있나 보다 했다. 혹시나 해서 낚시를 즐기는 큰형님께 이름을 대고 물어보니 붕어 전문가로 알고 있었다. 대단하다. 그 친구와 그렇게 자주 보는 계기가 되었고, 낚시에 관심을 갖게 되었다.

관심이 있고 좋아하는 일을 업무에 연관시켜 진행하면 예상 외의 좋은 결과를 얻을 때가 있다.

모바일 앱에 대한 시장 선점을 위해 모든 업체들이 다양한 제휴마케팅을 경쟁적으로 진행하던 시기였다. 우리 회사도 예외는 아니었다. 앱을 설치하면 포인트를 주거나 커피 쿠폰 등 다양한 할인 쿠폰을 주는 행사가 많았다. 새로운 제휴처의 발굴이 필요할 때였다. 낚시 프로인 친구에게 도움을 요청하니 "물반고기반"이라는 이름의 앱을 소개해주었고 같이 업체를 방문하여 제휴 제안서를 내게 되었다. 또한, 인천에 있는 국내 최고 낚시 용품 회사를 방문하여 제안을 했다. 이를 통해 낚시 업계에 대해 자세하게 알게 되는 계기가 되었다. 또한, 그룹 내 경제연구소에 "낚시 현황"에 대한 연구 보고서를 요청하여 관련 업무보고서 작성 시 참고하였던 기억이 난다.

낚시에 대한 방송 선입견을 깬 최초의 방송인 채널A의 "도시어부"의 탄생에는 많은 이야기가 있다. 시즌1은 2017년 9월 7일 시작하였으며 2024년 3월 28일 시즌 5가 종영되었다. 방송 초기였던 2018년도에는 낚시 애호 인구가 700만 명으로 등산을 제치고 "국민이 가장 즐기는 취미 1위"로 나타났고, 〈도시어부〉 시청률에도 영향을 주었다. 반대로 이 방송 때문에 낚시에 관심을 갖고 입문하는 경우도 많아졌다. 〈도시어부〉의 인기는 참 대단했다. 채널A 방송국의 인지도 제고에 기여했다. 민물낚시든 바다낚시이든 방송마다 이슈가 많았다. 벌써 〈도시어부 시리즈 6〉가 기대된다.

부서에서 임원분들을 모시고 내년도 경영 워크숍을 기획하고 있었는데 새로운 아이템이 필요하여 낚시 전문가를 모시고 민물낚시를 갔던 기억이 새롭다.

낚시는 역시 결과 예측이 어렵지만 준비할 것은 정말 많다. 준비를 잘 해야 좋은 결과를 얻을 수 있다는 점은 경영계획이나 비슷하다. 낚시 프로인 친구와 울진으로 도다리 낚시를 가서 정말 재밌게 많이 잡았다. 싱싱한 도다리는 회와 매운탕으로 최고의 메뉴를 제공해주었다. 6년이 지난 지금도 기분이 생생하다.

낚시를 은퇴 후에 즐기는 취미로 생각하는 분들은 민물낚시

든, 바다낚시든 준비용품이 많다. 그러나 처음부터 너무 많이 사지 말고 조금씩 늘려나가면 좋겠다. 주위에 찾아보면 낚시 취미 인물들이 많다. 처음에는 따라다니면서 배우면 좋겠다. 낚시 방송이나 낚시 TV를 보시는 것도 도움이 된다. 최근 젊은이들 가운데 배스 낚시 전문가가 많다. 미국에서 진행하는 프로배스낚시대회(Fishing League Worldwide)에 매년 한국 대표선발전을 거쳐 출전하고 있다. 여성 낚시 인구도 증가하고 있다. 온 가족이 낚시와 캠핑을 함께 즐기는 경우도 많아지고 있다. 관심을 갖고 지금 낚시의 세계로 떠나보자.

경북 울진에 친구인 김태우 낚시프로와
도다리 낚시 처음 갔던 날 잡았던 대어

4.6 인생 1막 같은 영화를 기억하며 본다

내 생애 처음 극장에서 봤던 영화와 가장 감명을 받은 영화를 물어봤을 때 바로 대답할 수 있는 사람들은 영화에 관심과 흥미가 많은 사람이다. **은퇴 이후에 배우자나 자녀와 가장 쉽게 할 수 있는 취미로 영화를 적극 추천하고 싶다.**

1천만 관객 동원 흥행 영화든 조용한 감동을 주는 독립영화든 좋아하는 사람과 함께 보는 영화는 마치 내가 영화 주인

공이 된 듯 기쁘다. 멀리 가지 않아도 되고 영화 가격이 올랐지만 그래도 큰 화면과 음향 시설, 안락한 의자는 충분한 만족을 준다.

누군가는 영화가 넷플릭스 등 OTT(Over The Top) 사업으로 전면 대체될 것으로 봤다. 다수의 플랫폼으로 영화, TV, 음악 등 콘텐츠를 공유하는 방식으로 많은 변화를 만들었다. 영화를 상영하는 극장도 상당수 없어졌다. 가장 최근에는 66년의 역사를 가진 대한극장이 문을 닫았다. 다른 극장들도 메가박스, CGV, 롯데시네마 등으로 변경되기도 했다. 극장도 고급지고 세련되게 변했다.

영화를 상영하는 극장은 계속 변화하면서 존속할 것으로 생각된다.

2023년 메가박스 멤버십 등급이 MVIP이다. 퇴직 전에는 VIP 등급이었다가 두 단계나 상승했다. 지금까지 본 영화 관람 횟수는 448회였다. 모든 취미가 그렇듯이 같이 할 때 더 좋다. 온 가족이 같이 보면 좋은 영화도 있고 배우자와 둘이 보고 싶은 영화도 있고 때로는 혼자 보고 싶은 영화도 있다. 매년 여름이면 개봉하는 블록버스터급 영화는 온 가족이 모여 팝콘과 음료수를 들고 극장이 만원일 때 보면 기분이 참 좋다. 예술 영화나 독립 영화는 조용히 보고 싶다.

극장에서 처음 영화를 본 것은 고등학교 1학년 때이다. 시골에서 유학을 와서 수원에서 〈복성고조〉라는 성룡, 홍금보, 원표 주연의 홍콩 액션 영화였다. 유쾌하고 통쾌한 영화였다. 이후 용돈이 생기면 봤던 영화가 〈미션〉, 〈탑건〉, 〈로보캅〉이었다. 고등학교 시절 몇 편의 영화를 더 본 것 같은데 아직도 그때의 재미와 감동이 생각나는 듯하다. 〈탑건:매버릭〉이 2022년 여름 36년 만에 개봉되었을 때 온 가족이 같이 가서 봤는데, 대학생인 딸들이 재밌게 봤다고해서 시대를 넘어 공감이 가는 영화였다. 우리나라에서 가장 인기 있는 미국 영화배우가 '톰 크루즈'라고 한다. 그래서인지 '톰 크루즈'가 나온 영화는 대부분 모두 봤다. 영화들도 항상 재밌고 새로운 시도를 즐기는 배우의 이미지도 좋다. 이제는 나이가 많아서 차기작이 언제 나올지 걱정 반 기대 반이다.

인생영화라는 표현이 있다. 격하게 감동을 줘서 영화가 끝나고도 한참을 극장에 앉아 있게 만들거나 영화를 보는 내내 눈물이 줄줄 흐르게 만드는 영화, 영화가 끝나고도 한 일주일, 한 달을 그 매력에서 헤어나오지 못하게 만드는 영화가 그런 영화일 것이다. 그런 영화를 만난다면 영화 가격은 아무것도 아니다. 같이 영화를 본 사람하고는 그 좋은 추억을 오래오래 간직하게 될 것이다.

1995년 대학을 졸업하자마자 취업하여 신입 직원으로 직장에서 밤늦은 시간과 주말까지 출근하면서 일하던 그 시절에 봤던 영화 한 편이 내게는 인생 영화로 남아 있다.

바로 왕가위 감독, 임청하, 양조위, 왕페이, 금성무 주연의 〈중경삼림〉이다. 영화를 보고 나서 그 벅찬 감흥에 한강변을 한없이 걸었던 기억이 난다. 감동이라기보다는 영화 음악과 주연 배우들의 호연에 홍콩의 우울한 배경과 두 개의 로맨스가 힘들었던 시기와 맞았나 보다. 암튼 그해에 연인을 만나서 나도 연애를 시작했다. 그리고 지금 옆에서 든든한 인생의 동반자가 되어 주고 있다. "내 사랑의 유통기한은 만 년으로 하고 싶다" 하는 명대사가 나온다.

가장 최근에 본 영화는 〈엘리자벳:더 뮤지컬 라이브〉였다. 현재 뮤지컬 공연을 하고 있는 내용을 그대로 촬영하여 극장에서 개봉한 것이다. 극장이 변화를 통해 계속 살아남는 방법 중의 하나로 평가된다. 뮤지컬 극장에서 보는 것도 좋지만 편안하게 영화 극장에서 뮤지컬을 보는 것은 새로운 시도이고 좋다. 탁월한 음향효과와 섬세한 배우들의 표정을 클로즈업하여 보여주니 감동은 배가된다. 뮤지컬을 영화 극장에서 실사판으로 개봉한다면 계속 볼 것이다. 일반 영화 가격보다는 비싸지만 뮤지컬 가격보다는 엄청 저렴하다.

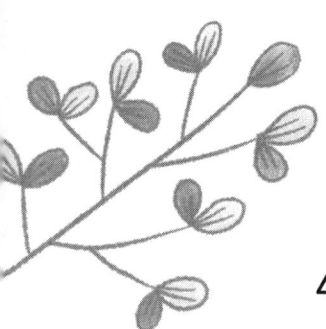

4.7 아티스트 팬이 되면 미소가 피어난다

은퇴를 앞두고 아주 짧은 고민을 할 시기였다. 그렇지만 스스로 먼저 결정을 하고 싶었다. 그래서 삼 일 만에 사직서를 조용히 제출했다.

그 당시에 음악을 많이 들었다. 다양한 음악들을 들었는데 팝송도 듣고, 가요도 들었다. 잘 안 보던 유튜브도 보게 되었다. 2024년 10월 약 1,740만 명의 구독자를 보유한 "제이플라" 가수를 알게 된 것도 그때였다. 특유의 스타일로 기존의 노래들을 커버한 영상을 유튜브에 올려 인기가 절정이었다. 'Ed Sheeran'의 곡 〈Shape Of You〉는 현재 누적 조회수 3.4억 회이다.

2022년 7월 여름 음악 관련 유튜브를 찾아보다가 아주 우연히 알게 된 가수가 있다. 그 당시 중학교 2학년이었던 '정서주'였다. 아직은 무명의 유튜브 커버 가수였지만 그 음색의 맑음과 청아함과 놀라운 비브라토는 노래마다 감동을 주었는데, 유독 〈꽃길〉이라는 노래는 그때 내 심정을 가장 잘 표현하여 주었다.

애틋한 사랑을 노래한 트롯이지만 그 가사와 정서주만의 음색으로 은퇴를 앞둔 고민을 하던 짧은 시절에 수십 년을 다닌 평생 직장과 이별해야 하는 마음이 노래 가사와 같이 절절히 와 닿았다.

2022년 9월 25일 서울 광운대 동해문화예술관에서 1집 발매 기념 콘서트를 한다는 소식에 88,000원에 티켓을 바로 구매했다. 이미 '정서주' 유튜브 구독과 유튜브 동영상 노래를 하루에도 몇 번씩 들었다. 트롯에 대해 잘 모르는 가족들은 모두 의아했지만 어려서 시골에서 아버지가 일하시면 부르시던 트롯에 아버지가 돌아가시고 나서는 트롯을 들을 때마다 아버지 생각도 났다. 〈미스트롯 1〉과 〈미스터트롯 1〉을 통해서 이미 트롯이 새로운 시장으로 활성화되어 있었지만 일부 가수에 대해 알고만 있는 상황이었고 〈미스트롯 2〉, 〈미스터트롯 2〉는 진행하는지도 잘 모르고 지나갔다. 그러나 '정서주' 가수는 달랐다. 너무 달랐다.

첫 콘서트에 달려갔을 때 그 감동은 참 컸다. 작고 어리지만 노래만큼은 음악만큼은 어리거나 작지 않았다. 신곡 한 곡을 출시하자 매일 듣고 들었다, 핸드폰 벨소리도 당연히 "말해줄게요"로 바꿨다. 핸드폰으로 듣고 운전할 때는 차에서 들었다. 차에서 들을 때가 가장 좋다. 8개의 스피커가 현장음을 만든다.

두 번째 콘서트는 2023년 2월 부산 북두칠성도서관에서 있었던 해질녘 콘서트였다. 수서역에서 SRT를 타고 부산으로 가는 동안 내내 정서주 노래를 들으며 갔다. 트로트 샛별 정서주가 들려주는 샛별 이야기라는 부제였다. 아주 소규모 공연이었지만 관객들의 열정과 호응, 응원은 따스함과 정겨움이 가득했다. 콘서트 단체 기념 사진을 찍고 또 팬카페 동분서주분들과 함께 사진도 찍었다.

콘서트가 끝나고 팬분들과 차 한잔을 마시고 다시 SRT를 탔다. 몇 분들은 부산에서 더 그 감동을 느끼고 1박하고 올라오

신다고 했다.

2023년 12월 21일 TV조선 〈미스트롯 3〉가 시작되었다. 정서주의 출연으로 이미 그 전부터 마음은 들떠 있었다. 닐슨코리아 최고시청률이 19.5%였다. 총 12부작이었으며 매회 경연을 통해 예심을 통과한 본선 참가자들이 탈락과 합격을 했다. 매회마다 열심히 응원했다. 그래서인지 정말 바라는 대로 이루어졌다. 2024년 3월 7일 마지막 날에 드디어 〈미스트롯 3〉 진의 여왕으로 정서주가 우승을 하였다. 정말 내가 우승한 것보다 더 기분이 좋았다.

2024년 올해는 우승 이후 미스트롯 전국 콘서트도 진행하고 미국 LA 공연도 다녀오고 전국에 축제에서도 많은 초청이 있어서 바쁘게 보내고 있다. 신곡도 〈미스트롯 3〉에서 부른 "바람바람아"로 인기를 끌고, 이번에 김이나 작사, 박근태 작곡으로 "기다리는 건 아무것도 아니에요"라는 발라드풍 신곡을 발표했다.

내 핸드폰에는 특별한 폴더가 생겼다. 정서주 응원을 위한 앱으로 다양한 응원 앱을 설치하고 응원을 하고 있다. 오늘도 아침에 눈을 뜨면 앱을 열고 출석 등록을 하며 하루를 시작한다. 공식 팬카페 동분서주에서 하트를 누르며 시작하는 하루, 멜론 회원을 가입하고 팬 온도가 1도씩 올라서 이제 99도를 유지하고 있다. 좋은 노래와 영상, 기사에 하트를 누르고 댓글을 달아보는 행복을 누린다. 덕분에 내가 더 행복하고 건강해진다. 고맙다.

4.8 고구마, 감자, 옥수수의 친구 사도삼촌

입춘, 우수, 경칩이 온다. 농사를 짓던 아버지는 한 해의 시작을 이때부터라고 했다. 대동강 물이 녹고, 개구리 입이 떨어진다. 대여섯 살이 되면 모내기 철에는 못줄을 띄운다. 온 동네 사람들이 품앗이로 벼를 논에 심는다. 맛있는 참이 온다.

은퇴를 하고 나서 지금까지 3년째, 일주일에 삼 일은 시골에 간다. 사일은 도시에서, 삼일은 시골에서 사도삼촌 생활을 한다.

홀로 계신 어머니과 함께 농사를 짓는다. 평야 지대에 비하면 큰 농사는 아니지만 밭 두 개와 논을 아버지 때부터 농사를 지어왔다. 아버지가 돌아가시고 나서는 직장생활 때문에 주말에만 집에 다녀왔다. 농번기나 일손이 급할 때는 휴가를 내서 일손을 도왔다. 이제는 농사도 본격적으로 한다.

   3월이면 호미를 들고 달래, 냉이, 씀바귀, 고들빼기 나물을 캔다. 마늘밭에 겨우내 덮어 두었던 짚을 걷어낸다. 추운 겨울을 지내고 마늘 새싹이 파랗게 올라온다. 4월이면 밭을 갈아 감자와 옥수수, 참깨를 심는다. 두릅을 딴다. 5월이면 고추, 호박, 가지, 고구마를 심고 논에는 벼를 심는다. 6월에는 마늘을 캔다. 옥수수 키가 사람 키만 해진다. 감자 넝쿨이 풍성하다. 풋고추, 오이, 가지를 딴다. 들깨 모종을 심는다. 7월에는 감자를 캔다. 옥수수를 딴다. 붉은 고추를 딴다. 8월에는 고추 수확이 정점이다. 참깨를 수확한다. 8월 말에는 김장밭을 만들고 배추와 무를 심는다. 9월에도 고추는 딴다. 호박도 수확한다. 10월에 고구마, 땅콩을 캔다. 벼를 수확해서 정미소에 보낸다. 들깨를 베어 말렸다가 수확한다. 11월에는 무와 배추를 수확해서 김장을 한다. 총각무 김치를 이틀 정도 먼저 한다. 내년을 위해 마늘을 심는다. 첫눈이 온다.

11월이 되면 김장 무들은 한껏 땅을 박차고 힘차게 큰다.
(2024년 김장 무 키우기, 올해도 성공했다.)

옥수수들의 키 크기 경쟁은 치열하다. 햇빛이 뜨겁다.
(옥수수는 일년에 한번 수확하기는 너무 아깝다.)

은퇴를 하고 나서 귀향을 하거나 시골에 가서 농사를 짓겠다는 꿈을 꾸시는 분들이 있다. 생각만으로는 할 수 없는 일이다. 시골이나 농사에 대한 경험이 없는 분들이라면 다시 한번 생각해보시길 권한다. 주말농장 규모나 서너 평의 밭은 괜찮겠다. 하지만 100평 이상의 땅이라면 쉽지 않다. 상추와 고추 심어서 삼겹살 구워 먹는 즐거움을 위해서라면 주말 농장 정도로 만족하시길 바란다. 농업 경영체를 등록하거나 농업법인을 설립하고 본격적인 농업에의 도전은 많은 준비가 필요하다. 차라리 임업 경영체 등록과 임업을 시도해보는 것을 추천한다. 농협이나 산림조합에서는 귀농을 위해 많은 교육과 직접 사업 지원도 한다. 미리 사전 준비가 필요하다.

시골에서 아침 창문을 열었을 때의 그 맑고 시원한 공기는 지구에 태어난 사람이 누릴 수 있는 최고의 행복이다. 몸과 마음이 자연스럽게 치유된다. 건강한 밥상을 맞이하는 기쁨은 행복 자체이다. 캄캄한 밤 하늘에 쏟아질 듯한 별 구경을 한다. 대낮같이 훤한 보름달이 뜬 날에는 마당이나 옥상에 누워 하늘을 본다. 사람 인생 거기서 거기다.

인생 2막을 살다

제4장 요약: 나만의 행복을 위한 즐거움을 찾자

"행복은 거창한 목표가 아니라, 내가 좋아하는 소소한 일상과 취미에서부터 시작."

5. 낚시, 인생의 또 다른 설렘
친구와의 인연으로 시작된 낚시, 앱 제휴 마케팅까지 연결
도다리 낚시, 도시어부 영향, 민물/바다 낚시의 매력

6. 영화와 함께 걷는 기억
극장에서 본 첫 영화부터 가족과 함께한 영화까지 소중한 기억
은퇴 후 즐길 수 있는 가장 쉽고 감성적인 취미

7. 팬심이 주는 위로
가수 '정서주'를 응원하며 느끼는 새로운 삶의 열정과 감동
콘서트 참석, 팬카페 활동, 일상 속의 작은 행복

8. 사도삼촌의 농촌생활
일주일 3일을 시골에서 보내며 어머니와 농사
감자, 고구마, 옥수수 등 수확의 기쁨, 농사는 고단하지만 자연이 주는 치유와 충만감

새로운 30년을 위해 시작한다

수원화성 서장대 세계 주요 지점 방향과 거리목 기둥
(수원화성 가을 풍경과 행궁동 구경하다 남기다)

5.1 건강을 배우면 시작이 든든하다

은퇴를 했어도 아침 6시에는 늘 눈을 뜬다. 어떤 이는 은퇴하면 잠을 제일 많이 자고 싶다고 한다. 그냥 아무 생각 없이 늦잠자고, 일어나고 싶을 때 일어나기는 몇 번은 해볼 만하다. 그러나 평생 몸에 밴 습관은 쉽게 바꾸기 어렵다. 시골에서 자란 사람들은 어려서 일찍 자고 아침에 일찍 일어나는 습관이 있다. 어렸을 때 문창호지 밖으로 어둠이 거치고 날이 밝아 올 때쯤 눈을 떠보면 이미 아버지 어머니는 밖에 나가시고 없으시다.

조금 있다 아버지는 소를 먹일 풀을 한 지게 베어 오시고 어머니는 밭에 나가셨다가 아침 밥상을 차리러 들어오신다. "일어났니? 일찍 일어나야 먹고 산다" 이런 말을 해주시는 그때가 생각난다.

아침에 일어나면 가장 먼저 잠자리를 정리하는 습관은 좋다. 유튜브에도 그런 내용들이 많다. 미국의 해군사관생도들에게 아침 잠자리 정리를 강조했던 영상도 봤다. 이불을 개고, 베개를 넣고, 쿠션을 접어서 이불장 속에 정리한다. 이 작은 움직임이야말로 밤새 잠들어 있던 온몸의 근육을 잠에서 깨운다.

거실에 나오면 기지개를 한두 번 켜면 좋다. 무리하지 말고 천천히 해야 한다. 정수기 물을 한 컵 받아서 입안을 가글한다. 그리고 다시 물을 받아 천천히 물 반잔을 마신다. 오늘 하루의 시작을 알리는 물 반잔으로 몸속도 깨운다.

나의 애견 몽이와 아침 산책도 많이 즐겼는데, 요즘은 몽이에게 산책을 가급적 줄이라고 동물병원에서 의사 선생님이 말씀하셔서 아침 산책은 혼자서 한다.

봄부터 가을까지는 은퇴 후에는 1시간에서 1시간 30분 정도 산책했다. 걷다가 가끔 뛰기도 했다. 매번 같은 코스를 가기보다는 조금씩 다른 코스를 가본다. 때로는 긴 산책 후에 맥도날드에 들러서 맥모닝세트를 먹어본다. 그런데 맥모닝세트도 가게마다 조금씩 다르다. 신선한 채소와 방금 구워서 나온 빵에 계란과 토마토가 들어 있는 맥모닝과 생수 한 병을 함께 먹으면 기분이 좋아진다. 가급적 복잡한 지하철역 근처에 가까운 맥도날드는 추천하고 싶지 않다.

은퇴 2년 후부터 마라톤과 관련된 분들과 함께하는 시간이 생겼다. 그동안 주위에는 동기 중에도 열렬한 마라토너가 있고 골프 멤버 중에도 국내 유명 마라톤대회와 미국이나 유럽 마라톤대회에 나가는 분도 있다. 추운 겨울에는 마라톤을 위해 동남아 여행을 가시는 분도 있다. 나는 걷다가 뛰어 보기도 하고 3km 정도는 주기적으로 뛰어 본적도 있으나 고등학교 때부터 오래달리기는 싫었다. 체력장에서 만점은 받았지만 오래달리기보다는 단거리가 마음에 들었다. 100m를 12초~13초 사이에 달렸던 그때가 그립다. 단거리와의 추억은 군대에 가서 이등병, 일병, 상병, 병장이 될 때까지 계급별 대표로 나가 달리기를 하고 우승도 했던 기억이 난다. 직장에 취직을 하고 나서도 직장 운동회 때 계주 선수로 뛰었었다.

매년 10월 초에는 국제평화마라톤대회가 열린다. 올해 6월 쯤엔가 이 대회에 대학원 모임에서 단체로 마라톤을 신청한다고 해서 함께 신청했다. 처음인데 5km는 짧아보여서 10km로 신청했다. 처음 운동화를 신고 10km를 뛰어보겠다고 했는데,

500m도 못 가서 멈추었다. 숨이 턱 막힌다. 조금 걷다 보니 다시 숨이 안정화된다. 이렇게 10km를 한 시간 40분 정도에 뛰다 걷다 하면서 다녀왔다. 그런데 5km 반환점을 돌아서 다시 출발지로 왔을 때 뭔지 기분이 좋아졌다. 다음 날 다시 뛰어 보았다. 어제보다는 조금 낫다. 1시간 30분 정도 걸렸다. 그렇게 10월 3일 개천절날까지 일주일에 2번 정도 연습을 했다.

올해는 두 번 마라톤대회에 뛰어봤다. 오래간만에 수많은 사람들과 함께했다.

10월 3일 국제평화마라톤과 소방청 주최 두근두근런이었다. 10km 두 개의 기록과 두 개의 완주 메달이 생겼다. 내년에는 상반기 두 개, 하반기 두 개 참여가 목표다. 러닝은 정말 경제적인 운동이다. 전신운동이면서 정신 건강에도 좋다. 은퇴 후에는 마라톤을 적극 추천한다. 러닝 동호회도 많고 가족분들과 함께해도 좋다. 탁구나 배드민턴, 테니스도 많이 하는 운동이다. 사람들과의 어울림을 위해서는 구기종목이 좋다. 러닝은 자신의 기초 체력에 관한 운동이다. 은퇴는 장기 레이스를 위한 기초체력이 중요하다.

골프는 운동이라기보다는 어울림이다. 은퇴 전에 사람들과 그래도 자주는 아니어도 하루 정도 많은 시간을 같이 보내며 추억을 되살리고 새로운 추억을 만들 수 있다. 직장 동료든 고등학교 친구이든, 대학교 친구이든, 대학원 친구나 사회 인사분들과 자주는 아니어도 이렇게 좋은 시간을 보낼 수 있다. 골프는 자기와의 게임이면서 동반자와의 승부이다. 연습장을 가지 않고 라운딩을 가는 경우는 한창 라운딩을 즐길 때였다. 이제는 연습장에 가는 시간이 좋다. 라운딩은 정말 가급적 줄여서 간다. 몸이 힘들고 피곤하고 골프는 비용도 비싸다. 그런데도 오늘 초청을 받는다면 밤새 설레는 기분이 든다. 그게 골프다.

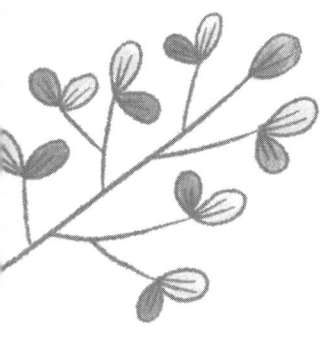

5.2 실물 자산에 금융을 연결하자

　금융은 신용, 한도, 금리 등 여러 가지 고려해야 할 요인이 많다. IMF나 금융위기를 겪었으나 장기적으로 보면 이를 적극 활용했어야 했다. 우리나라에서 가장 중요한 재테크는 거주용 주택이다. 처음 서울에 와서 월세 3만 5천 원에 시작했다. 대학 졸업할 때 월세 10만 원이었다. 취직을 하고 전세대출을 받아 2천만 원 원룸에 살았다. 3년 후 신혼집은 직장에서 대여해준 5천만 원 전셋집이었다. 직장 대여주택에 살면 돈이 안 모인다. 소비가 커진다. 결혼 3년차에 50% 대출을 이용하여 전세 7천만 원으로 이사를 했다. 결혼 6년차에 아파트를 분양받았다. 2억 3천만 원에 대출 50%를 받았다. 금융을 이용한 레버리지를 처음 이용했다. 결혼 18년에 대출 50%를 받고 7억 5천만에 이사했다. 이렇게 금융자산과 대출 등의 금융 레버리지를 이용하여 자산을 확대할 수 있었다.

상가는 입지가 가장 중요하다. 주거형 부동산인 아파트나 오피스텔 등도 마찬가지이다. 인구 밀집지역인 상가나 교통 입지가 좋은 지역 상가여야 한다.

신규 상가에 대한 전망은 다 무지개처럼 보인다. 분양 사무실에 가서 설명을 들으면 더 그렇다. 그래서 분양사무실에는 정말 신중하게 방문해야 한다. 분양 사무실에는 가급적 혼자 가지 말고, 최종 결정을 신중히 해야 한다. 첫 방문 시 가계약금이라도 걸라고 하면 하지 말아야 한다. 모 신도시 상가에 갔다가 분양 설명을 듣고 계약금보다 훨씬 낮은 가계약금 1천만 원만을 입금했다가 분양을 취소하고 가계약금을 돌려받는데, 내용증명을 보내고 거의 한 달 이상 걸린 경험이 있다.

수익형 부동산인 상가는 금융의 레버리지가 더욱 크다. 임대사업자로서 개인사업자 대표가 되어 사업자등록증이 가능하기 때문이다. 은행에서는 개인사업자도 기업대출로 분류하고 진행한다. 상가의 감정가와 임대료가 대출한도와 대출이자율을 산정하는 데 가장 중요한 요인이다. 대출한도는 최대 감정가의 70~80% 수준도 가능하다. 그 이상도 가능한 경우도 있다. 물론 불가능한 경우도 있다. 대출심사는 취급 금융기관의 고유 책임이다.

금융 활용 레버리지를 위해서는 꼭 알아야 할 용어가 네 가지 있다.

LTV(담보인정비율)란? 자산의 담보가치에 대한 대출 비율을 의미하며, 우리나라에서는 주택가격에 대한 대출 비율로 많이 알려져 있다. 예를 들어 아파트 감정가격이 5억 원이고 담보인정비율이 70%이면 금융기관으로부터 3억 5천만 원의 주택담보대출을 받을 수 있다. [출처 한국은행]

DTI(총부채상환비율)란? 주택담보대출 차주의 원리금상환 능력을 감안하여 주택담보대출 한도를 설정하기 위해 도입된 규제 비율이다. [은행업 감독규정]에서는 동 비율을 "DTI = (해당 주택담보대출의 연간 원리금 상환액 + 기타부채의 연간 이자상환액) / 연소득 × 100" 방식으로 산정하도록 하고 있다.

DSR(총부채원리금상환비율)란? 차주의 상환능력 대비 원리금상환부담을 나타내는 지표로서, 차주가 보유한 모든 대출의 연간 원리금상환액을 연간소득으로 나누어 산출된다. 대출에는 마이너스통장, 신용대출, 전세자금대출, 자동차할부금융 등이 모두 포함된다. [출처 한국은행]

RTI(임대업 이자 상환 비율)란? 부동산임대업 이자 상환 비율로서 담보가치 외에 임대수익으로 어느정도까지 이자 상환이 가능한지 산정하는 지표이다. 산출 방식은 "(상가가치×임대수익률)÷(대출금×이자율)"이다 [출처 매일 경제]

오피스텔은 상가와 같이 대출 취급이 유사하나 임대형주택으로 등록한 경우와 일반 사무실로 등록한 경우에 따라 대출 취급이 다를 수 있다. 보유 주택 수에 따라 주택 관련 대출은 제한이 많기 때문이다. 오피스텔도 교통 입지가 중요하다. 유동인구가 많은 지역이 좋다. 서울 안에 4년제 대학 인근의 오피스텔도 나쁘지는 않다. 다만 최근 과도하게 많이 분양을 한다. 좋은 물건을 가려야 한다.

임대인들은 비슷한 임대료라면 새로운 신축으로 계속 옮겨 간다. 만약 공실이 되면 월 관리비를 임대인이 내야 한다. 대출이자와 관리비를 납부하는 이중 손해를 본다. 고금리 시대가 오면서 월세를 전세로 바꿔 대출금을 상환해 버렸다. 월이자가 나가지 않고, 대출금을 상환하고도 전세보증금이 일부가 남아서 금융상품에 가입을 해서 이자를 받으면 좋다. 수익은 줄었지만 비용은 없다.

　재건축, 재개발을 대비한 부동산 구입은 더욱 신중해야 한다. 매입가가 저렴하거나 전세 갭투자로 구입 가능한 경우가 많다. 부동산에서의 적극적인 영업에도 신중해야 한다. 재개발, 재건축을 위해 구입한 빌라주택에서 손해를 볼 수 있다. 구입 후 전세가가 내려가면 전세보증금 차액을 자기자금으로 내줘야 한다. 전세 만기 후에는 신규 전세입자를 구해야 하고 전세도 경쟁이 치열해서 도배,장판 등 기본 인테리어를 해줘야 한다. 보일러 등 고장 시는 수리도 해줘야 한다. 아래층으로 누수가 발생하면 방수 공사와 아래층 피해 보상도 진행해야 한다. 소형 주택이라도 주택화재보험에 반드시 가입해야 한다. 장기적인 관점에서 여유가 있어야 하는 마지막에 검토해야 하는 투자라고 본다.

　퇴직금으로 누구나 토지 부동산을 구입해보려고 한다. 나대지든 전,답의 농지나 임야를 구입해보려고 한다. 이런 경우는 반드시 현장 답사를 하고 현지 부동산 두세 군데에 들러서 상담을 받아봐야 한다. 그리고 최근 거래된 실거래현황을 국토부자료를 통해 조사해봐야 한다. 경매현황도 참고해야 한다. 그래야 위험을 줄일 수 있다. 또한 가장 중요한 요인은 교통이다. 맹지를 매입해서는 안 된다. 도로가 없는 맹지는 도로를 개발 하면 높은 수익을 주지만 도로 개발이 쉽지 않거나 인접 토지 소유자가 많은 비용을 요구한다. 현장의 인구 증가 지역인지 감소 지역인지도 파악해봐야 한다. 아파트가 건축되기 시작되는 지역은 인구 증가 예상지역이다. 고속도로나 기차, 전철 접근성이 좋거나 인근에 터널이나 교량 등 대규모 토목사업이 진행되면 기회가 있는 지역이라고 본다.

수도권 인근의 납골당 묘지의 경우 최근 가격이 매년 5% 이상 오르고 있다.

그러나 개인이 운영하는 소규모 자연수목장 등은 주의해야 한다. 장례식장이나 상조회사를 통한 영업에 자세히 알아보지 않고 구입했다가 손해를 보는 경우도 있다. 묘지를 경매로 낙찰받아 유족에게 재 매각하여 이익을 보는 경우도 있다고 한다. 전문가 수준의 접근이 아니라면 쉬운 일은 아닐 것이다.

소규모이거나 전문적인 부분에 대한 접근은 신중해야 한다.

5.3 금융 자산의 포트폴리오를 확장하자

금융자산 포트폴리오에 대한 교훈은 "계란을 한 바구니에 담지 말라"이다.

입출금통장은 기본이다. 언제든지 자금을 입금하고 출금할 수 있는 통장은 급여계좌나 여유자금관리용이다. 금리를 생각하면 MMF나 파킹통장 등도 있다. 카카오뱅크나 케이뱅크, 토스뱅크 등 인터넷은행을 통한 비대면통장 개설은 너무나 쉽고 편리하다. 코로나19 이후 모바일뱅킹이 더욱 확대되었다. 은행 지점을 방문해야 할 일이 많이 줄었다. 현금입출금을 위한 체크카드는 필수이다.

목돈을 모으는 가장 쉬운 일은 매월 저축을 하는 거다. 매월 1일 또는 매 분기 첫날에는 적금이나 적립식 펀드를 소액이라도 가입하는 습관을 갖자. 월 1만 원은 적을 수도 있으나 괜찮다. 월 5만 원, 10만 원도 좋다. 적금의 만기가 돼서 그동안 6개월이든 1년이든 모인 돈을 찾을 때 그 기분을 자주 느끼면 좋다. 내가 갖고 싶은 선물을 사거나 다른 누구를 위한 선물을 사는 소비를 해도 좋다. 여행이나 명품 등 목돈을 위한 저축도 좋다. 그러나 모은 적금은 소비보다는 목돈을 만들기 위한 디딤돌이 될 때 더 기분이 좋다. 10만 원, 100만 원, 1천만 원으로 10배 이상 늘어날 때 기분을 느껴보자.

목돈이 만들어졌다면 다음으로 할 일은 금리, 이자를 따져보는 일이다. 100만 원이든 1천만 원이든 목돈이 되면 금융기관들에 자금을 맡기고 이자를 받자. 1금융권인 은행이나 2금융권인 증권, 보험, 저축은행, 새마을 금고 등 금리를 비교해서 정기예금을 가입하면 좋다. 정기예금의 금리는 인터넷이든 모바일이든 비교해서 볼 수 있는 앱이나 자료도 많다. 연말이나 연초, 분기 말에 가끔 금리 프로모션을 할 때 가입하면 좋다. 목돈이 되면 예금자보호한도에 대해서도 되새겨보자. 금융기관마다 원금과 이자를 합쳐 5천만 원을 한도로 하고 있다.

정기예금은 원금을 보장하고 확정이자를 지급받는 가장 좋은 상품이다.

청약통장이나 청약부금을 이용하여 목돈을 만들고 주택청약을 준비하면 좋다. 주택청약은 가장 빨리 가입하는 시기가 중요하다. 그래서 가족관계증명서를 가지고 부모님들이 은행으로 서둘러서 가입하려 오는 경우가 많다. 가입 금액과 가입 기간에 따라 청약 기회가 달라질 수 있다. 주택분양 지역과 평수 등에 대한 계획을 살펴보면서 가입하면 좋다. 주택청약부금은 3년 이상 가입하고 나면 금리도 경쟁력을 갖는다. 여유자금이 생길 때마다 조금씩 불입해도 좋다. 꿩 먹고 알 먹고 하는 금융상품 중의 하나이다. 분양에 대한 경쟁력과 고분양가 등으로 인기가 줄어들고 있는 것도 사실이다. 그러나 주택청약통장은 보유하기를 추천한다.

목돈에 대한 운용은 금융기관마다 전문가가 도움을 준다. 창구 상담도 좋지만 대기 손님이 많아서 충분한 시간을 갖고 상담을 받기 어렵다. VIP 전담 창구나 PB(프라이빗 뱅커)에게 도움을 받아보면 좋다. 사전에 상담 예약이 필요한 경우도 많다. 하지만 영업점을 직접 방문하였다면 책임자분께 직접 상담을 요청해보면 된다. 예금 담당 책임자나 지점장들도 상담에는 적극적이고 친절하다. 금융 기관 직원들은 금융상품이나 자산관리 관련 공부나 자격증 취득이 많다. 그만큼 금융 부분에선 전문가이고 빅데이터 자료를 접하는 경우가 많다. 본점에서의 실시간적이고 지속적인 피드백 지원이 따른다.

금융집합투자상품인 펀드나 파생상품 등에 대한 투자는 더욱 신중해야 한다. 금리나 이자 수익의 극대화를 위해서는 필수 상품이나 반대로 원금 보존이 보장되지 않는 경우가 많다. 하이 리스크 하이 리턴에서 리턴은 음양이 함께하는 말이다. 플러스가 될 때도 있지만 마이너스가 될 때도 많다. 국내 투자와 해외 투자에 대한 적절한 투자도 필요하다. 분산 투자의 원칙을 철저히 지켜야 한다. 직접투자의 영역보다는 간접투자 영역이 리스크가 적다. 그러나 금융상품의 간접투자 또한 무한 책임이 따른다. 안정형이냐 공격형이냐 적절한 배분이 필요하다. 투자의 기본 원칙을 반드시 지켜 나가야 한다.

퇴직연금은 운영 형태에 따라 확정급여형(DB)형, 확정기여형(DC)형이 있다. 회사에서 투자관리해주는 DB형과 개인이 투자관리를 할 수 있는 DC형이 있다. 전체 현황을 보면 DC형이 60% 이상, DB형이 20% 이상이다. 그 외에 IRP 운형형태가 있다. 퇴직연금은 장기적인 관점에서 자금운용을 하면 좋다. 단기적으로 운영하면 리스크가 커질 수 있다. 퇴직 시점이 왔을 때 퇴직 연금 운용 결과에 따라 퇴직금에 차이가 클 수 있기 때문이다. 보통 총퇴직연금액의 30% 이상은 원금보장상품으로 운용한다.

　직접투자 분야인 주식투자, 부동산, 경매, 벤처투자, 가상화폐 등은 변수가 많고 공부할 내용이 많다. 개인적인 성향이 중요하다. 자격증이나 관련 공부를 충분히 하고 작은 기회부터 접근해 보기를 추천한다. 세상에 공짜는 없다.

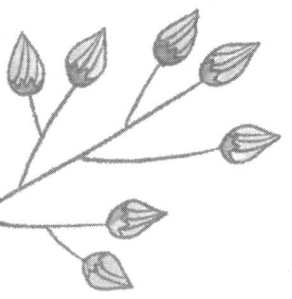

5.4 함께하는 친구 만들기

유튜브나 인스타그램, 카톡 등 SNS 채널에 익숙해지고 나만의 공감을 즐길 수 있으면 좋다. 수동적으로 SNS 채널을 이용하는 사람이기보다는 적극적으로 이용하는 사람이 되어야 한다. 좋아요도 누르고 댓글도 달고 구독하고 알림 설정도 하고 표현해야 한다. 나의 적극적 감정 표현이 건강에 좋다고 한다. 직접 자기 자신의 SNS 채널을 만들어보고 인생에 대한 추억과 기록을 남겨보자. 친구들과 공유하면 더 좋다. 사람은 감정의

동물이다. 직접적이든 간접적이든 감정의 교류는 언제나 중요하다.

나의 첫 번째 SNS는 인스타그램이다. 귀엽고 사랑스러운 애견 '몽이'의 몽스타그램이다. 우리 애완견 몽이는 이제 아홉 살이다. 하얀색 포메라니안이다. 귀엽다. 치명적인 매력이 있다. 매일 아침에 가장 일찍 일어나고 아침을 함께 먹는다. 잠을 잘 때도 나의 발밑에서 잠든다. 간식을 달라고 발로 나를 긁는다. 화장실을 가야 한다고 창문을 긁는다. 나를 돌아본다. 문을 열어준다. 목이 마르다고 돌아본다. 계절은 여름을 가장 좋아한다. 언제든 산책을 할 수 있어서이다. 오이와 당근을 좋아한다. 고구마와 옥수수도 좋아한다. 사과와 배, 귤도 좋아한다. 이런 몽이를 위해 인스타그램을 한다. 오늘 현재 473장의 사진이 추억으로 쌓여 있다. 1,468명의 팔로워가 있다. 시간이 날 때마다 방문한다. 소통한다.

나의 두 번째 SNS는 카톡이다. 단체 카톡방에서 아침마다 보내주는 뉴스나 인사, 좋은 글로 하루가 시작된다. 얼굴을 보고 만나고 술 한잔하는 모임도 좋지만 온라인 커뮤니티에서의 소통도 좋다. 세상 돌아가는 소식을 가장 민감하게 알려준다. 고등학교 친구들과의 소통은 솔직하다. 어떤 주제도 그냥 의견을 낸다. 가끔은 다른 의견으로 톡방이 시끄러울 수도 있지만 금방 웃고 넘어간다. 저마다가 목표를 위해 한배를 타고 있었던 추억이 가장 많았던 때라서 그런가 보다. 대학교 친구들과는 사회적인 뉴스가 주로 많이 등장한다. 경조사가 있을 때 소통을 많이 한다. 사회적으로 아직은 바쁜 친구들이 많다. TV에서 친구들 얼굴을 볼 때면 기분이 좋다. 직장 동료들과의 이야기는 현실적이다. 먹고사는 이야기를 터놓고 해본다. 30년 가까이 함께했던 친구들은 삶의 현실이다. 대학원 톡방에서는 오랜 경험과 노하우를 배울 때가 많다. 70대, 80대를 대비해야 하는 인생의 조언을 들을 때가 좋다. 카톡의 장점은 소통이 가장 빠르다는 것이다. 국내이든 해외이든 낮이든 밤이든 누군가는 보고 있다.

세 번째 SNS는 유튜브이다. 아직 개인 유튜브는 활성화하지는 못했다. 올해는 개인 유튜브 채널도 업데이트해보고 싶다. 마라톤, 골프 같은 운동이나 맛집이나 카페 탐방, 4도3촌의 시골 이야기, 석박사 논문 쓰기도 담고 싶다. 지금은 다양한 채널들을 열심히 구독 중이다.

최우선 유튜브 채널은 〈트로트 샛별 정서주〉이다. 인생 응원하는 원픽 가수이다. 방송이나 공연 소식을 보고 노래를 스밍한다. 댓글도 빠짐없이 단다. 매일매일이 즐겁다. 부동산 관련 유튜브는 〈표영호TV〉, 〈단희TV〉 등이다. 먹방 유튜브는 쯔양을 주로 본다. 바둑은 〈프로연수〉를 본다. 마라톤은 〈션과 함께〉를 본다.

네 번째는 AI와의 소통이다. chatGPT가 대세가 된 지금은 궁금한 것은 여기다 물어본다. 네이버나 다음, 구글에서 검색하던 것을 AI에 물어본다. 포털에서는 검색하고 나서 내가 원하는 정보를 또 찾아봐야 한다. AI는 원하는 정보를 보기 좋게 제공해준다. 질문을 정확히 했다면 답도 비교적 정확하다. 맛집을 찾는 것도 AI가 더 좋다. 최근 올해 출시된 갤럭시 S25 체험 부스를 방문했다. 정말 놀라움에 연속이었다. PC나 노트북, 태블릿이 필요할까 하는 정도였다. AI 성능이 놀라울 정도로 개선되었다. 개인 비서로서 손색이 없을 것 같다. 내년에는 더욱 업그레이드된 스마트폰이 또 나오겠지만 말이다.

은퇴 이후 사람들과의 소통이 더욱 중요하다. 방식은 개인별로 다르겠지만 말이다. 온라인이든 오프라인이든 적극적인 소통은 삶의 활력이 된다. 은퇴 후 1년은 정말 정신없이 시간이 간다. 하고 싶은 것도 많고, 가고 싶은 곳도 많고, 만나고 싶은 사람도 많다. 살면서 그렇게 정신없이 살아왔다는 일이다.

은퇴 후 몇 년쯤이 지나면 사람들 만나는 일이 점차 줄어든다고 한다. 한 5년쯤 지나면 사람 만나는 일이 많이 줄어들고 외로움이 찾아오거나 우울증에 걸리는 사람도 있다고 한다. 그러나 적극적인 사회활동과 인적 SNS를 통해 좋은 사람들을 많이 만나보자. 새로운 일은 항상 있다. 오늘도 활기차게 시작하자.

5.5 온 가족이 함께하는 은퇴 생활

은퇴의 가장 큰 보람은 가족과의 시간이 많아진다는 것이다. 가족과의 추억을 하나하나 만들어보자. 바쁘다는 핑계로 함께하기 어려웠다면 지금부터 하면 된다.

은퇴하고 나서 대학을 멀리 다니는 둘째를 일주일에 한두 번씩 아침에 차로 학교까지 데려다주었다. 은퇴하기 전에는 생각지도 못했던 일이다. 자녀들이 어렸을 때 맞벌이하면서 어린이

집에 아침에 맡기고 퇴근 후에 데려오고, 초등학교 때도 휴가 때나 학교에 데려다주곤 했었는데, 그동안 대학생이 된 자녀와 대화도 부족했는데 한 시간 정도 오롯이 함께 할 수 있는 자가용 운전 데이트는 정말 좋은 시간이었다. 좋은 음악과 넓은 도로, 맑은 공기와 여유 있는 시간이었다. 은퇴 2년차에는 둘째가 학교를 졸업하고, 첫째가 복학에서 다시 첫째와 일주일에 한두 번 자가용 등교를 해준다. 가끔은 대학 캠퍼스도 돌아본다. 대학 캠퍼스는 정말 멋있다. 사계절의 변화를 가장 잘 볼 수 있다. 대학은 3~4월이 가장 멋지다. 활기차다. 거기에 있기만 해도 마음이 젊어진다.

최근 먹방이 대세였던 유튜브를 은퇴 전에는 본 적이 없었다. 은퇴 후 지금은 유명 먹튜브를 구독하고 있다. 맛집을 찾을 때면 네이버나 카카오 지도를 찾았으나 먹방에서 소개된 집도 찾아가보곤 한다. 서울에서만 가봐야 할 맛집도 아마 평생 가도 다 못 갈 것 같다. 전국 맛집은 더 많고 방송을 볼 때마다 하루하루 더 생기고 있다. 유명 드라마나 영화 촬영지 맛집도 찾아가 본다. 삼청동 수제비를 먹으러 가보고 북촌 한옥마을도 걸어본다. 남산 돈까스를 먹고 남산을 걸어서 올라가본다. 성수동 핫플레이스에 팝업 스토어를 보러 가본다. 잠실 석촌호수를 따라 벚꽃 투어를 한다. 올림픽 공원을 걸어보고 나 홀로 나무에서 사진도 찍어본다. 서울숲공원도 산책하기 정말 좋다. 홍대나 연남동 근처는 하루는 부족하다. 수원 화성을 돌아보고 드라마 이상

한 변호사 우영우 촬영 김밥집에 들러 본다. 지금은 없어졌지만 청계천변 치킨집이었던 도깨비 촬영지에 퇴근길 추억도 돌아본다. 〈나의 아저씨〉 촬영지 용산 백빈 철도건널목 땡땡거리도 가 본다.

가장 좋아하는 제주도는 일 년에 여러 번 가보았다. 해외여행보다는 국내 여행이 좋아졌다. 언제든지 갈 수 있고 맛있는 음식이 있다. 좋은 사람들을 만날 수 있다. 여름에 수국 축제와 겨울에 동백꽃 축제는 꼭 가보길 추천한다. 우리나라는 꽃을 참 사랑하는 나라이다. 사계절 꽃이 핀다. 봄에서 가을까지는 전국에서 유명한 꽃들 축제가 넘쳐난다. 한탄강 고석정 꽃 축제는 일본 홋카이도 무지개 꽃길만큼 좋다. 가평 자라섬 꽃 축제도 모네가 생각날 만큼 화사하고 파스텔 물감처럼 근사하다. 서울에서 가장 가까운 해변은 영종도 하나개 해수욕장이 좋다. 일몰도 좋고 데크 바닷길 산책도 좋다.

월화수목금토일 일주일 일정이 항상 바쁘게 채워져 있으면 좋겠다. 주말에는 성당에서 미사를 드리고 한 주를 반성해보고 행복함에 감사를 드린다. 매주 수요일에는 영화를 한 편 꼭 본다. 온라인 넷플릭스 등도 좋다. 한 달에 한두 번은 문화의 날을 이용하여 메가박스 극장 영화를 본다. 평일 영화는 사람이 적어서 좋다. 가끔은 대학로 연극이나 뮤지컬을 본다. 대형 뮤지컬도 좋지만 소극장 공연의 매력도 좋다. 멋진 카페 투어도 계획을 세

워서 가보면 좋다.

청계산, 아차산, 대모산, 남산, 안산은 짧은 산행에 좋다. 북한산, 도봉산, 수락산, 불암산, 관악산은 맘 먹고 날씨 좋은 때 가면 좋다. 서울을 멀리 벗어나지 않아도 갈 수 있는 좋은 산이 많다. 등산은 몸도 건강하게 해주고 마음도 가볍게 해준다. 등산 후 파전이나 두부전골과 함께하는 막걸리는 인생 맛이다.

은퇴 후에 이 모든 즐거움과 행복을 함께할 수 있는 가족이 있다면 정말 소중하다. 앞으로 30년을 목표로 행복의 등산을 시작해보자. 은퇴는 하나의 기회이자 새로운 시작이다. 모든 것이 새롭다. 지금 바로 행복을 시작하자.

봄이면 화사한 붉은 양귀비 꽃 바다를 보러 가자.
(가평 자라섬 꽃축제, 평생 보았던 꽃보다 많은 꽃이 반긴다)

5. 새로운 30년을 위해 시작한다

인생 2막을 살다

제5장 요약: 새로운 30년을 위해 시작한다

"은퇴는 끝이 아닌, 스스로 삶을 설계하고 실천해가는
제2의 인생 출발점이다.
건강·재정·취미·사람, 네 기둥 위에 새로운 30년을 지어가자."

1. 건강한 시작이 인생의 기초
은퇴 후에도 규칙적인 기상과 산책, 러닝, 마라톤 참여, 골프는 어울림, 러닝은 기초체력 강화, 은퇴는 장기 레이스

2. 실물자산과 금융의 연결
주거·수익형 부동산과 대출(레버리지)을 통한 자산 확대
상가, 오피스텔, 토지 등 실물 투자 시 입지·금융규제 (LTV/DTI/DSR/RTI) 이해 필요
맹지·갭투자 등 위험 투자 주의, 철저한 실사 필수

3. 금융 자산 포트폴리오 확장

적금, 청약통장, 정기예금 등 안정형 상품 활용
금융기관 금리 비교 및 예금자 보호 한도 인지
퇴직연금, IRP, 펀드 등 분산투자 원칙 실천, 무리한 고위험 투자 경계

4. SNS·AI 활용한 소통과 배움

인스타그램, 카카오톡, 유튜브 등 적극적 소통과 콘텐츠 소비
AI(ChatGPT)를 정보 탐색과 일상 도우미로 활용
은퇴 후 외로움 방지와 사회 연결망 유지

5. 가족과 함께하는 은퇴 라이프

자녀 등교 함께하기, 맛집 탐방, 드라마 촬영지 방문
국내 여행과 사계절 꽃축제, 등산과 미술관, 영화 관람 등
"행복한 일상 루틴 + 가족과의 시간 = 은퇴의 진짜 가치"

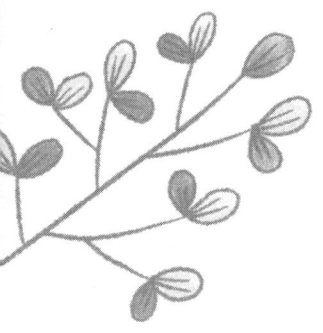

감사글

나에게 힘을 주시는 분 안에서 나는 모든 것을 할 수 있습니다.

(필리 4, 13)

김영준 실장(서울창조경제혁신센터)
　본 책자를 집필할 수 있도록 책 쓰는 방법과 본인의 경험, 작가의 노하우를 아낌없이 나누어 주셔서 책을 완성할 수 있었다.

진심으로 감사드린다. 책쓰기 모임 1기 동기분들께도 함께 감사드린다.

황찬규 교수(서울벤처대학원대학교)

늘 마음속에 품었던 공부에 대한 열정을 다시 가질 수 있도록 멘토를 해주시고 석사학위, 박사학위 지도교수님으로 도와주셔서 감사드린다. 덕분에 앞으로도 새로운 공부를 계속할 수 있는 힘을 받았다.

박하용 대표(전 하나은행 송파본부)

은행에 처음 입행하여 신입으로 발령받고 첫 담당 책임자분으로 은행 생활을 잘 시작할 수 있도록 가르쳐주고 도와주셔서 27년간의 은행 생활을 잘 마무리 할 수 있었다. 영혼의 평화와 안식을 기도 드린다.

김형수 교수(전 하나은행 명동영업부)

하나은행과 보람은행이 합병하여 하나의 부서가 되었을 때 따듯한 마음으로 직원들을 포용하시고 비전을 제시해주셔서 카드 회원 1백만 명을 돌파할 수 있었다. 많은 추억을 만들어주셔서 감사드린다.

김태우 프로(낚시하는 방랑자, @bangrangja1023_)

어릴 적부터 북한강가에서 버드나무 꺾어 붕어, 꺽지, 뱀댕이를 잡던 낚시의 추억을 소환하여 낚시 산업에 관심을 갖게 해준 친구다. 특히 이 친구와 함께 난생처음 바다 낚시도 했는데, 평생 잊을 수 없는 즐거운 추억을 만들어줘서 고맙다.

노희영 대표((주)식음연구소 CEO)

"노희영의 브랜딩 법칙"의 저자 노희영 대표님의 마케팅에 대한 남다른 생각과 전략, 디자인 콘셉트 등에 감동하여 본 책을 집필하는 동기를 얻었다. 아이돌급 연예인이시라 자주 뵐 수는 없지만 마음으로 늘 감사드린다.

박종진 앵커(전 채널 A 쾌도난마)

"겸손은 위선이다"의 저자 박종진 앵커님의 호탕하고 직선적인 인간관계에 감동을 받고 후배들을 챙겨주시는 넉넉함과 친절에 감사드린다. 남을 도와줄 때는 받을 것을 생각하지 말고 도와주라는 말씀 기억하고 가슴에 남긴다.

이동범 대표((주)베어스틸)와 수성고 친구들

항상 터 놓고 얘기를 할 수 있는 편안한 친구들로 은퇴 이후 고민이 많았던 시간에 언제라도 전화해도 반갑게 받아주는 친구들에게 감사하다.

최규원 지점장(전 하나은행)과 입행동기 친구들

27년을 함께 은행에서 동고동락하며 지낸 동기들과 은행에서의 추억을 되짚으며 은퇴이후에도 금융이나 부동산, 삶에 대해 함께 마음을 나눈다. 고맙다.

권인기 지점장(현 하나은행)과 경제88 친구들

마음의 고향을 함께 가슴에 품고 지내온 시간이 벌써 38년이다. 이제는 자녀들 결혼도 하고 부모님들과의 이별에 함께 슬픔을 나눈다. 고맙다.

LECA 친구들

전공은 다르지만 하나의 동아리에서 만나 지금까지 각자의 자리에서 살아가고 있는 권태욱, 국동기, 박성환, 최봉림 친구들과 선후배님께 감사드린다.

반포자이, 반포타운 식구들

은행을 마무리하면서 함께했던 직원분들에게 진심으로 감사드린다.

정혜경, 어인선, 최민철, 유지희, 이주미, 김미언, 한은경, 이주형, 이진희, 최미경, 이승은, 조봉문, 김호숙, 서의경, 유은선, 김윤지, 조준영, 이선형, 노유리, 김효남, 이승철 님께 감사드린다.

인생에 은퇴는 없다. 다만 새로운 시작이 있을 뿐이다. 하늘에 계신 아버지께서는 늘 열심히 공부하라고 하셨다. 홀로 계신 어머니와 장모님께 잘 해드려야겠다. 첫 번째 책을 무사히 출간할 수 있도록 옆에서 도와준 아내와 두 딸에게 감사한다.

2025년 5월 25일
저자 김천욱

은퇴란 아직 걸어가 보지 않은 길이다.
(제주도 어리목 근처, 지난 겨울 은퇴 여행 중에)

에필로그

사랑하자.
나를 사랑하자.
가족을 사랑하자.
좋은 사람들과 사랑하는 가족과
애완동물과 초록이들과 함께
사랑과 은총에 감사하며 평화롭게 살자.
오늘 변화가 필요하다면
지금 바로 시작하자.
Ready는 없다. 바로 지금
단순하게 생각하자.
걱정을 미리 할 필요는 없다.
즐기는 삶과 도전하는 삶을 살자.
보람을 찾자. 희망을 찾자.
봉사할 수 있으면 행복하다.